Ein Tag im römischen Xanten

Führer und Schriften des LVR-Archäologischen Parks Xanten Nr. 24

herausgegeben von Martin Müller

© Landschaftsverband Rheinland
LVR-Archäologischer Park Xanten / LVR-RömerMuseum 2013
Konzept: Christian Golüke, Marianne Hilke
Redaktion: Malte Ritter, Carla Felgentreff, Ingo Martell
Gestaltung: Sebastian Simonis
Zeichnungen: Christoph Heuer
Grafiken: Horst Stelter
Druck: B.o.s.s-Druck und Medien, Goch
ISBN 978-3-943904-44-4

Christian Golüke

EIN TAG IM RÖMISCHEN XANTEN

Das Entdeckerbuch nicht nur für Kinder

Salve Sei gegrüßt!

Die alten Römer gibt es doch schon lange nicht mehr! Warum sollte man sich also noch für sie interessieren? Ihr Reich erstreckte sich jahrhundertelang über drei Kontinente. Ein großes Gebiet des heutigen Deutschlands gehörte dazu. Rom ist also auch ein Teil unserer eigenen Geschichte.

Unsere Welt sähe ganz anders aus, wenn es das Römische Reich nicht gegeben hätte. Vieles aus dieser vergangenen Zeit finden wir sogar noch heute in unserem Alltag wieder. Dieses Buch entführt dich für einen Tag in eine der bedeutendsten römischen Städte auf deutschem Boden. Ihr Name ist Colonia Ulpia Traiana. Auf ihrem Gebiet befindet sich heute der LVR-Archäologische Park Xanten (APX). Die zahlreichen Spuren der römischen Stadt haben sich nur unter der Erde erhalten. Warum das so ist, erfährst du ab *Seite 96.*

Einige Gebäude, die hier vor fast 2000 Jahren standen, wurden so genau wie möglich nachgebaut, damit Besucherinnen und Besucher die römische Vergangenheit Xantens kennenlernen können. Wozu die Gebäude gedient haben, findest du mit diesem Buch heraus.

Beim Lesen lernst du viele Menschen kennen, die in der Colonia Ulpia gelebt haben könnten. Sie stammen aus allen Schichten der Gesellschaft, vom hohen Beamten bis zur Sklavin. Die Bildergeschichte spielt an Orten, die du bei einem Besuch im APX entdecken kannst. Wo, das verraten dir die Punkte 1 - 22 und der Plan ab *Seite 102.*

Bei den großen Bildern lohnt es sich, genau hinzuschauen. Unser Zeichner hat nämlich in jedem Bild einen Fehler versteckt. Weißt du, welche Dinge es zur Römerzeit noch nicht gab? Auf *Seite 104* kannst du nachschauen, ob du recht hast.

Zu jedem Thema gibt es spannende Infos und Ideen für daheim.
Dabei wirst du auf diese farbigen Symbole treffen:

Hier wird dir bestimmt das ein oder andere Licht aufgehen. In römischer Zeit wäre das eine Öllampe gewesen.

Unter der Lupe erscheinen Gegenstände, die in der Bildergeschichte und auch im LVR-RömerMuseum zu sehen sind.

Das könnte deine Hand sein, denn hier gibt es Tipps zum Mitmachen und Ausprobieren. Hol dir die Antike nach Hause!

Beim Fragezeichen kannst du selbst forschen. Löse die Rätsel der Vergangenheit und der Gegenwart!

Dein Wegweiser durch die Geschichte

Willkommen ...	Seite
... in Kaiser Trajans Stadt	8
... auf der Baustelle	12
... auf dem Forum	16

Unterwegs ...
... auf römischen Straßen ... 20
... von Hafen zu Hafen ... 24

Bei den Göttern ...
... im Hafentempel ... 28
... im Kapitol ... 32

Gut verpflegt ...
... in der Bäckerei ... 36
... in der Küche ... 40
... im Imbiss ... 44

Goldenes Handwerk ...
... von Schuhmacher und Beinschnitzer ... 48
... von Schmied und Weber ... 52

Wasser marsch ...
... in den Herbergsthermen ... 56
... in den Großen Thermen ... 60
... auf der Latrine ... 64

Schöner Wohnen ... *Seite*
... in reichem Hause ... 68
... in der Herberge ... 72

Am Rande der Stadt ...
... bei den Gräbern ... 76
... vor dem Stadttor ... 80

Endlich Freizeit ...
... beim Spiel ... 84
... im Amphitheater ... 88
... bei Nacht in der Stadt ... 92

Die Römer in Xanten ...
... archäologisch erforscht ... 96
... eine lange Geschichte ... 98
... neu entdecken ... 100

Wo finde ich ...
... die Schauplätze im APX? ... 102
... die versteckten Fehler? ... 104

Auf Papier gebaut

So könnte die römische Stadt vielleicht einmal ausgesehen haben. Auf dem Papier ist es möglich, die ganze Colonia Ulpia Traiana nach unseren Vorstellungen aufzubauen. Einige Gebäude sind heute sogar wieder in voller Größe zu bewundern. Schau doch mal auf *Seite 102* nach!

Gaius Laberius Honoratus ist Ädil – ein hoher Beamter und Politiker der Stadt, der auch für die öffentliche Sicherheit zuständig ist. Damit er weiß, was in der Colonia Ulpia Traiana vor sich geht, schaut er sich gerne selbst um.
Heute ist er mit seinem Sohn Marcus unterwegs. Als sie an einer Statue des ehemaligen Kaisers Trajan vorbeikommen, sagt Honoratus: „Trajan persönlich hat meinen Großvater damals beauftragt, diese neue Colonia zu planen. Wenn er mir davon erzählt hat, merkte man, wie …" Als Politiker ist er nun ganz in seinem Element und setzt zu einer Rede an. Doch Marcus fällt seinem Vater ins Wort: „… stolz er war, diesen Auftrag ausführen zu dürfen." Honoratus schaut erstaunt: „Genau das wollte ich gerade sagen!" Marcus schüttelt seinen Kopf: „Vater, du erzählst jedes Mal das Gleiche, wenn wir vor dieser Statue stehen!"
„Na, dann weißt du ja, was du deinen Kindern später einmal erzählen sollst. Und natürlich auch etwas Gutes über mich", fügt er lächelnd hinzu.

Kaiser Trajans Stadt

Der römische Kaiser Trajan hieß mit vollem Namen **Marcus Ulpius Traianus**. Er regiere von 98 bis 117 n. Chr. und sorgte für die größte Ausdehnung des Römischen Reiches. Durch die Städte der Römer wurde auch ihre Kultur überall verbreitet. Eine dieser Städte war seit ungefähr 100 n. Chr. die **Colonia Ulpia Traiana**.

Prägender Eindruck Römische Münzen waren nicht einfach nur Geld, sondern auch eine Kurznachricht an alle. Man musste nur die Abkürzungen kennen. Ein Römer las hier: **Imperator** (Oberbefehlshaber), **Traianus** (Trajan), **Augustus** (der Erhabene), **Germanicus** (Sieger über die Germanen), **Dacicus** (Sieger über die Daker), **Pontifex Maximus** (oberster Priester), **Tribunitia Potestas** (mit der Macht eines Volkstribuns), **Consul VI** (zum sechsten Mal Konsul), **Pater Patriae** (Vater des Vaterlandes) – und war so über seinen Kaiser informiert.

Mit gutem Namen

Jeder römische Mann hatte einen Vornamen, zum Beispiel Gaius, Marcus oder Lucius. Der Familienname wurde vom Stammvater übernommen, wie etwa Iulius, Cornelius oder Claudius. Viele trugen einen Beinamen, der am häufigsten genutzt wurde. Beispiele dafür sind **Flavus** (der Blonde) oder **Crassus** (der Fette). Frauen trugen den Familiennamen ihrer Väter. Bei den gerade genannten Familien wären das also Iulia, Cornelia und Claudia. Darauf konnte ein weiblicher Vorname oder ein Beiname folgen. Die Familiennamen und Beinamen in unserer Geschichte sind übrigens alle original römisch.

Doppelt gemoppelt

Von den über 10.000 Einwohnern der Colonia Ulpia Traiana gehörten etwa 100 Bürger zum Rat der Stadt. Die wichtigsten Ämter
Duovir (Bürgermeister und Richter)
Ädil (sorgt für öffentliche Ordnung)
Quästor (zuständig für Finanzen)
wurden jeweils **doppelt besetzt**. So konnten sich die Beamten gegenseitig unterstützen und kontrollieren. Dabei waren sie standesgemäß mit einer Toga bekleidet.

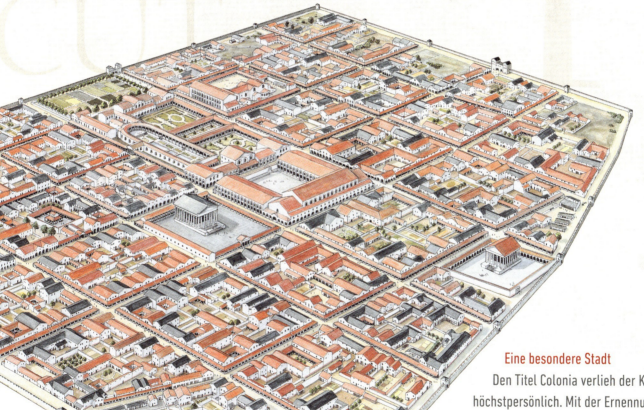

Eine besondere Stadt

Den Titel Colonia verlieh der Kaiser höchstpersönlich. Mit der Ernennung erhielt die Stadt mehr Rechte als gewöhnliche Siedlungen. Oft bekamen die römischen Soldaten nach ihrer Dienstzeit hier ein Grundstück. Die Straßen und die Standorte der wichtigsten Gebäude wurden vor dem Bau der Colonia genau geplant. Dazu zählten das Forum, das Kapitol, die Thermen, das Amphitheater und natürlich die Stadtmauer.

Auf einer der **Baustellen** in der Colonia begegnen Honoratus und Marcus dem Architekten Decimus Memmius Maternus. Während er am Bauplan arbeitet, wird gerade ein großer Kran aus Holz aufgebaut.
Honoratus kann sich bei seinem alten Bekannten eine Bemerkung nicht verkneifen: „Maternus, wofür brauchst du denn einen Kran? Du baust doch immer nur niedrige Häuser, weil du nicht schwindelfrei bist." Der Architekt weiß nicht, ob er lachen oder fluchen soll. Schließlich fängt er an zu schimpfen: „Wenn nicht bald Material geliefert wird, baue ich gar nichts mehr. Wo bleiben bloß meine neuen Steine?!" Honoratus hat Mitleid: „Du wartest also immer noch auf die Lieferung von Felix? Vielleicht hat ein anderer Händler auf seinem Weg hierhin deinen Steinlieferanten gesehen. Frag doch mal auf dem Forum nach."
Eine gute Idee, findet Maternus und macht sich sofort auf den Weg in das Zentrum der Stadt.

Baustelle

Im weiten Umkreis der Colonia Ulpia Traiana gibt es keine Steinbrüche. **Daher baute man viele Häuser mit Lehm.** Daraus kann man Ziegel brennen, Lehmwände stampfen oder mit Holzbalken Fachwerkwände errichten. Nur für das Fundament wurden gerne Steine verwendet, damit die Wände einen besseren Halt hatten. Wir haben ausprobiert, wie die Römer zu bauen. Der Blick auf die Baustelle zeigt: **Es funktioniert auch heute noch!**

Maßarbeit
Einige moderne Werkzeuge sehen immer noch genauso aus wie zur Römerzeit. Diesen Zirkel hast du bestimmt sofort erkannt.

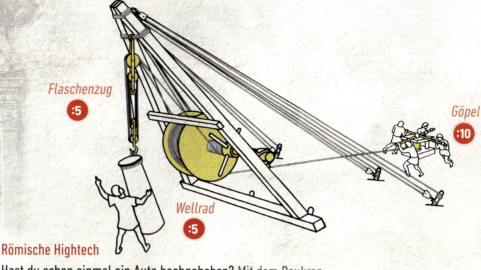

Flaschenzug :5

Wellrad :5

Göpel :10

Römische Hightech

Hast du schon einmal ein Auto hochgehoben? Mit dem Baukran im APX schaffst du das ganz allein! Die Flaschenzüge und Rollen bewirken, dass du nur die Kraft für vier Kilogramm aufwenden musst. Die Zahlen in der Zeichnung zeigen dir, durch welche Zahl du das Gewicht an dieser Stelle teilen kannst. Zum Heben der Last muss man aber sehr oft im Kreis laufen. Große römische Kräne hatten deshalb ein Laufrad.

Ein Wolf baut mit

Schwere Steine hängten die Römer mit einem Haken an den Kran. Hierzu braucht man ein keilförmiges Loch im Stein. Wenn man die Metallteile in der Reihenfolge wie auf der Zeichnung zusammensteckt, hält der Haken darin bombensicher. Einfach, aber genial. Diese Befestigung nennt man Wolf.

Achtung, Baustelle

In der Colonia Ulpia Traiana wurde immer an mehreren Stellen gleichzeitig gebaut. Auch heute gibt es keine Stadt und keine Autobahn, die endgültig „fertig" ist. Wenn man darauf achtet, findet man **erstaunlich viele Baustellen**. Wie viele sind es auf deinem Weg zur Schule, in den Urlaub oder zu einem anderen Ziel?

Auf dem Platz und in den Hallen des Forums sind heute viele Händler und noch mehr Käufer zusammengekommen. Endlich ist Maternus durch die Menschenmenge zum Stand des Weinhändlers Appius Mercatorius Vindex vorgedrungen. Entsetzt muss er feststellen, dass ihm jemand im Gedränge seinen Geldbeutel vom Gürtel abgeschnitten hat. Auch wenn nur drei Sesterze darin waren: Maternus ärgert sich, als wären es drei goldene Aurei gewesen. Vindex versucht, seinen alten Freund aufzumuntern: „Zum Trost lasse ich dir den Wein beim nächsten Mal billiger."
„Dringender könnte ich die Steine von Felix gebrauchen", klagt der Architekt.
Vindex kann sich ein Lächeln nicht verkneifen: „Bau doch deine Häuser mit dem Brot von Crispus gleich gegenüber. Das ist so hart wie Stein! Doch Spaß beiseite, du kannst mit mir zum Hafen fahren. Ich habe Felix auf dem Rhein gesehen. Er müsste jetzt da sein."

Forum

Man kann sich kaum vorstellen, dass hier einmal ein riesiges Bauwerk stand. Da für das Forum viele große Steine verbaut worden waren, lohnte sich in späteren Zeiten die Suche nach Baumaterial an dieser Stelle. Besonders im Mittelalter nutzten die Menschen die **römischen Ruinen als Steinbruch** für ihre Häuser und den Xantener Dom. Wie an anderen Stellen im APX zeigen dir die Hecken, wo einst Mauern standen.

Mittendrin

Das Forum war das **Zentrum der römischen Stadt**. Hier spielte sich das öffentliche Leben ab. Und das war sehr vielfältig.

Auf diesem Stuhl nahm der Richter Platz und fällte Urteile.

Wie dieses Spiel für unterwegs funktioniert, erfährst du auf *Seite 87*.

RECHT SPRECHEN

SPIELEN

REDEN

HANDELN

Wer hier seine Rede hielt, erreichte viele Menschen.

Auf dem Markt gab es reichlich Auswahl für die Käufer.

Merkur war der Gott des Handels, aber auch der Diebe!

Für eine Hand voll Asse

Der Aureus ist eine Goldmünze. Er war so viel wert wie 25 silberne Denare. Für jeden Denar bekam man vier Sesterze aus Messing. Ein Sesterz wiederum hatte den gleichen Wert wie vier Asse aus Kupfer oder Bronze. Für einen Aureus brauchte man also 400 Asse – deutlich mehr als eine Hand voll!

aureus Gold	*denarius* Silber	*sestertius* Messing	*as* Kupfer
1=	25	100	400
	1=	4	16
		1=	4

Das römische Währungssystem im 1. bis 3. Jh. n. Chr.

Tragbarer Tresor
Mit dieser Geldbörse aus Metall war man vor Dieben sicher. Sie wurde als Armring am Oberarm getragen. Wer sollte es schaffen, sie unbemerkt zu stehlen?

Reiche Auswahl
Der Wochenmarkt ist bis heute aus keiner Stadt wegzudenken. In der Antike und im Mittelalter waren diese Märkte besonders wichtig. Dann strömten die Menschen nicht nur zum Einkaufen auf den Marktplatz, sondern auch, um **ungewöhnliche Angebote zu bestaunen und Neuigkeiten zu erfahren.**

Vindex hat sich einen Wagen mit zwei Ochsen geliehen, um neue Ware vom Schiff zu holen. Maternus lässt er auf dem leeren Karren mitfahren. Es rumpelt gewaltig bei jedem Schlagloch. Schon nach wenigen Metern weiß Maternus wieder, warum er lieber zu Fuß unterwegs ist. Als sich sein Gesicht bedenklich färbt, hat Vindex ein Einsehen und hält an.

„Maternus, du siehst aus, als hättest du schlechten Wein von meiner Konkurrenz getrunken." – „Oh nein, es liegt daran, dass ich auf einer Straße fahre, die ich nicht selbst gebaut habe", erwidert der Architekt. Beide müssen lachen. Maternus steigt lieber ab, und es geht ihm sofort besser.

„Wir treffen uns gleich im Hafen wieder. Falls der Karren bis dahin hält." Den letzten Satz hat Vindex schon nicht mehr gehört. Laut klappernd setzt er seine Fahrt fort, kommt aber auch nicht viel schneller voran als Maternus zu Fuß.

Straße

Alle Wege führen nach Rom?

Das stimmt nicht so ganz. Aber überall im Römischen Reich gab es Straßen. Zur Zeit des Kaisers Trajan waren etwa 85.000 Kilometer fest ausgebaut. Das reicht, um **zweimal die Erde zu umkreisen**. Für den Handel nutzte man aber lieber Flüsse, da der Transport mit dem Schiff sehr viel günstiger war.

Zu Fuß nach Rom!

Welchen Weg möchtest du gehen, um nach Rom zu kommen? Wenn du die Zahlen auf deiner Strecke zusammenzählst, weißt du, wie weit es ist. Pro Tag schafft man mit Gepäck durchschnittlich 25 Kilometer. Wie lange wärst du unterwegs?

Meilenweit

Die Römer maßen die Länge ihrer Straßen nicht in Kilometern, sondern in Meilen. Eine römische Meile ist 1482 Meter lang.

1,5 km

Da es in der Colonia Ulpia Traiana hauptsächlich Kies für den Straßenbau gab, waren wahrscheinlich selbst die Hauptstraßen damit befestigt. Die Straßen sahen also nicht viel anders aus als heute im APX. Überall, wo heute Bäume neben den Wegen stehen, gab es zur Römerzeit Pfeiler als Stützen eines Vordachs. Fußgänger konnten also **bei jedem Wetter überdacht** von einem zum anderen Ende der Stadt gehen.

Buckelpiste?
Straße ist nicht gleich Straße. Wenn ausreichend Steine vorhanden waren, funktionierte der Straßenbau bestens. Über die Via Appia in Rom kann man heute noch gehen.

Das Rad der Geschichte
Autos, Lastwagen und Busse bestimmen heute das Bild auf unseren Straßen. Die Zeichnungen zeigen einige Vorläufer aus römischer Zeit. Was ist wohl was?

Vindex und Maternus treffen gerade rechtzeitig im **Hafen** ein, um Gnaeus Petronius Felix beim Anlegen zu helfen. „Diesen Hafen kann man nicht verfehlen. Man riecht ihn bereits Meilen vorher", sind die ersten Worte des Ankommenden. Vindex stimmt zu: „Irgendwann bleiben wir mit unseren Schiffen im Dreck stecken. Das ganze Abwasser und der Müll landen hier. Aber du als Steinhändler kannst in diesem Hafen viel verdienen, und Geld stinkt schließlich nicht." Felix ist sichtlich erleichtert, wieder an Land zu sein.

Unterwegs hatte er Glück im Unglück, als sein schwer beladenes Schiff im flachen Rhein auf Grund lief. „Nun will ich schnell den Göttern danken, dass sie das Wasser so rasch wieder haben steigen lassen." Mit diesem Plan ist der ungeduldige Architekt Maternus aber gar nicht einverstanden. Die Götter werden wohl warten müssen, bis die Steine abgeladen sind.

Hafen

Hier stimmt doch etwas nicht. Im Vergleich mit *Seite 103* kannst du erkennen, dass die Parkplätze des heutigen APX unter Wasser stünden, wenn es den römischen Hafen noch geben würde. **Der Rhein hat seinen Verlauf häufig geändert.** Heute fließt er mehr als einen Kilometer von der Stadtmauer entfernt. Der Flussarm mit dem Hafen der Colonia Ulpia Traiana ist ab dem 2. Jahrhundert n. Chr. langsam verlandet.

Eine flotte Flotte

Der Transport über Wasserwege war in römischer Zeit sehr viel billiger als über die Straße. Alle großen Städte lagen daher am Meer oder an Flüssen. Nur so war sichergestellt, dass immer genug Nahrung und Baumaterial geliefert werden konnten. Um die wichtigen Transportwege zu schützen, setzten die Römer wendige Kriegsschiffe auf den Flüssen ein. Ein Schiff wie dieses konnte mit 14 Ruderern bis zu **zehn Kilometer pro Stunde** zurücklegen.

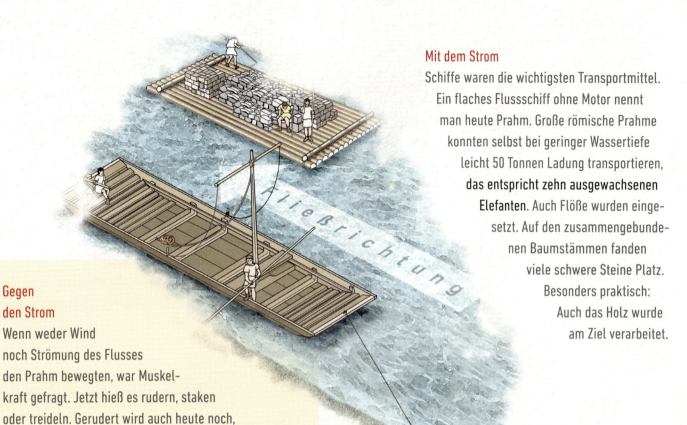

Mit dem Strom
Schiffe waren die wichtigsten Transportmittel. Ein flaches Flussschiff ohne Motor nennt man heute Prahm. Große römische Prahme konnten selbst bei geringer Wassertiefe leicht 50 Tonnen Ladung transportieren, **das entspricht zehn ausgewachsenen Elefanten.** Auch Flöße wurden eingesetzt. Auf den zusammengebundenen Baumstämmen fanden viele schwere Steine Platz. Besonders praktisch: Auch das Holz wurde am Ziel verarbeitet.

Gegen den Strom
Wenn weder Wind noch Strömung des Flusses den Prahm bewegten, war Muskelkraft gefragt. Jetzt hieß es rudern, staken oder treideln. Gerudert wird auch heute noch, beim Staken stößt man sich mit einer langen Stange vom Grund ab, aber wie treidelt man? Die Zeichnung zeigt, wie es geht: Das Schiff wird vom Ufer aus gezogen.

Abgehakt
Noch heute sehen Bootshaken so aus wie in römischer Zeit. Sie werden an einer langen Stange befestigt. Mit ihnen kann man Boote und Flöße heranziehen oder abstoßen – und dadurch lenken.

LUPIA VISURGIS ALBIS

Immer wieder trägt der Westwind Weihrauchschwaden über die Stadtmauer. Der Steinhändler Felix und seine Frau Montania Fortunata brauchen nur ihrer Nase zu folgen, um zum nahe gelegenen **Hafentempel** zu finden. Offenbar sind sie nicht die Einzigen, die den Göttern ein Geschenk machen wollen. Von einem Händler im Hafen haben die beiden ein kleines Schaf gekauft. Ein Schaf ist ein besonders wertvolles Opfer, und die Überraschung steht dem Priester Sextus Salvius Sanctus ins Gesicht geschrieben. „Felix, was ist dir denn passiert? So reich beschenkst du die Götter doch sonst nicht!"
„Als Dank für die Rettung aus der Not haben wir dieses Opfer versprochen."
Felix tippt dem Priester auf den dicken Bauch: „Und außerdem will ich nicht, dass du verhungerst."

Hafentempel

Tempel waren in der Antike die Häuser der Götter. Um das sichtbar zu machen, wurde innen eine Götterstatue aufgestellt. Leider wissen wir (noch) nicht, **welche Gottheit im Hafentempel wohnte**. Der Altar stand draußen vor dem Tempel. Eine gute Idee, weil beim Opfern viel Rauch entstand.

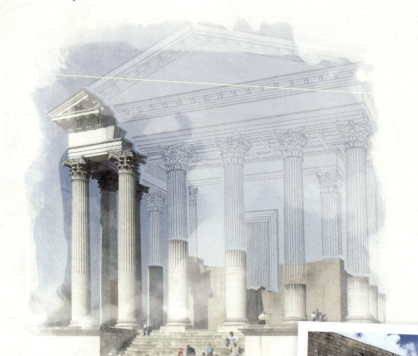

Dem Original auf der Spur
Wie bei anderen Gebäuden im APX wurde vom Hafentempel nur ein Teil wieder aufgebaut. Dazu wurde neues Material benutzt, da von dem antiken Bau kaum noch etwas übrig ist. Was die Steinräuber zurückließen, liegt nun im Verborgenen. **Nur wer durch diese Tür geht, wird die originalen Reste finden.**

Kunterbunt
Der Hafentempel war nicht nur groß, sondern auch ziemlich bunt. Frisch bemalt könnte der Kopf einer Säule (Kapitell) so ausgesehen haben.

Götterspeise

Was welchem Gott am besten schmeckte, konnte man beim Priester erfragen. Besonders wichtig war die richtige Tierart. **Die Götter speisten aber nicht besser als die Menschen**, in den meisten Fällen also vegetarisch. Als Opfergabe fanden nicht nur Nahrungsmittel wie Früchte, Gemüse oder Gebäck, sondern auch Weihrauch und Blumen den Weg auf den Altar. Das Fleisch der Opfertiere wurde gewöhnlich nicht verbrannt, sondern bei den Festmählern zu Ehren der Götter gegessen oder von den Priestern verkauft. Bevor man den Göttern gegenübertrat, musste man sich reinigen. Beim Opfern wurde dann der Kopf bedeckt. Der Blick war beim Gebet zum Eingang des Tempels gerichtet.

Geben und nehmen

Die Menschen erhofften sich für ihre Opfergaben eine Gegenleistung der Götter oder bedankten sich für die Erfüllung eines Wunsches. Wie funktioniert das eigentlich heute? Gibt es in deiner Religion auch noch Opfergaben?

Klein aber fein

Weihrauch war in der Antike ein wertvolles Geschenk an die Götter. Bis an den Rhein hatte dieses Harz einen weiten Weg, da der Weihrauchbaum hauptsächlich in Arabien wächst. Der Rauch der kleinen Harzklumpen riecht sehr intensiv.

Kleiner Lateiner

Opfer geht auf das lateinische Wort „offere" zurück, es wird den Göttern etwas „entgegengebracht". Ein „templum" war zunächst nur ein vom Priester im Gelände abgesteckter Bereich. Aber auch Gebäude, die von der normalen Welt der Menschen abgegrenzt waren, konnten so bezeichnet werden.

Der Steinhändler Felix und seine Frau Montania haben auch Jupiter eine Opfergabe versprochen. Am Eingang zum Tempelbezirk des **Kapitols** treffen die beiden auf eine alte Bekannte: Titia, die Sklavin der Herberge. Bei jedem Aufenthalt in der Colonia Ulpia Traiana übernachten sie dort.

„Salve, Titia", grüßt Felix. „Es scheint, du verbringst mehr Zeit an den Tempeln der Colonia als in der Herberge!" Felix hat damit nicht ganz unrecht. „Die Wünsche meiner Herrin an die Götter sind zahlreich", verkündet Titia und hält zum Beweis eine dicht beschriebene Wachstafel hoch. „Gut, dass du lesen kannst. Sonst könntest du dir kaum alles merken. Ich hoffe, du hast nicht alle Vorräte der Herberge den Göttern geopfert." Montanias Sorge ist natürlich nicht ernst gemeint.

Titia schmunzelt. „Habt ihr beiden bei uns jemals hungern müssen? Ich werde gleich noch viele leckere Sachen einkaufen!"

Kapitol

„Wie sieht es denn hier aus? Wo ist unser Tempel hin?"

„Mir scheint, sie verehren nun andere Götter."

„Solange unser Tempel nicht wieder steht, soll es in Germanien sehr oft regnen!"

Der wichtigste Tempel in Rom stand auf einem Hügel mit dem Namen Kapitol. So wie die Hauptstadt des Reiches sollte auch jede römische Colonia einen Kapitolstempel erhalten. Das Gebäude stand im Zentrum der Stadt direkt neben dem Forum. Viel zu sehen ist davon nicht, da die **meisten Mauerreste noch unter der Erde liegen**.

Bei den Göttern zu Hause Im Kapitolstempel wohnte nicht ein Gott allein, sondern eine kleine Götterfamilie:
Jupiter (der Hauptgott der Römer)
Juno (seine Frau, die Göttin der Ehe)
Minerva (seine Tochter, die Göttin der Weisheit)

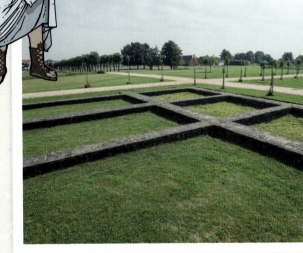

Glaubensvielfalt
Vom kleinen Altar zu Hause bis zum großen Tempel – wenn es um den Glauben ging, gab es bei den Römern viele Unterschiede. Selbst fremde Götter wurden akzeptiert.

Ein *Lararium* ❶ (Hausaltar) wurde für die Schutzgötter des Hauses und der Familie aufgestellt.

Im *Matronentempel* ❷ der Colonia Ulpia Traiana wurden germanische Göttinnen verehrt.

Welche Gottheit im *Hafentempel* ❸ wohnte, wissen wir leider (noch) nicht.

Der *Kapitolstempel* ❹ stand als höchstes Gebäude im Zentrum der Colonia Ulpia Traiana.

1 Meter

11 Meter

Aller guten Dinge sind drei.
Das glaubte man schon vor den Römern.
Es ist also kein Zufall, dass genau drei
Gottheiten im Kapitolstempel wohnen.
Wo trifft man heute noch überall auf diese
„Glückszahl"?

24 Meter

30 Meter

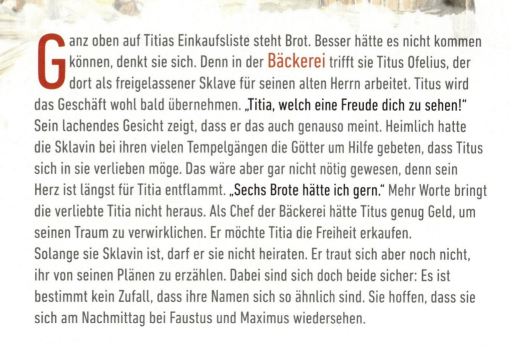

Ganz oben auf Titias Einkaufsliste steht Brot. Besser hätte es nicht kommen können, denkt sie sich. Denn in der **Bäckerei** trifft sie Titus Ofelius, der dort als freigelassener Sklave für seinen alten Herrn arbeitet. Titus wird das Geschäft wohl bald übernehmen. „Titia, welch eine Freude dich zu sehen!" Sein lachendes Gesicht zeigt, dass er das auch genauso meint. Heimlich hatte die Sklavin bei ihren vielen Tempelgängen die Götter um Hilfe gebeten, dass Titus sich in sie verlieben möge. Das wäre aber gar nicht nötig gewesen, denn sein Herz ist längst für Titia entflammt. „Sechs Brote hätte ich gern." Mehr Worte bringt die verliebte Titia nicht heraus. Als Chef der Bäckerei hätte Titus genug Geld, um seinen Traum zu verwirklichen. Er möchte Titia die Freiheit erkaufen.
Solange sie Sklavin ist, darf er sie nicht heiraten. Er traut sich aber noch nicht, ihr von seinen Plänen zu erzählen. Dabei sind sich doch beide sicher: Es ist bestimmt kein Zufall, dass ihre Namen sich so ähnlich sind. Sie hoffen, dass sie sich am Nachmittag bei Faustus und Maximus wiedersehen.

Bäckerei

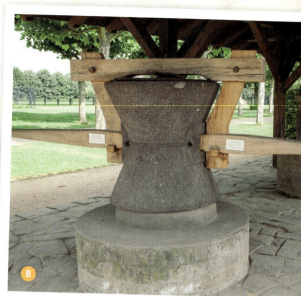

Mit dem Backofen im APX kann man tatsächlich Brot backen. Der Ofen und die Mühlen wurden nach Vorbildern aus aus Pompeji (Italien) gebaut. Wo genau die Bäckereien in der Colonia Ulpia Traiana standen und ob sie genauso aussahen, wissen wir noch nicht.

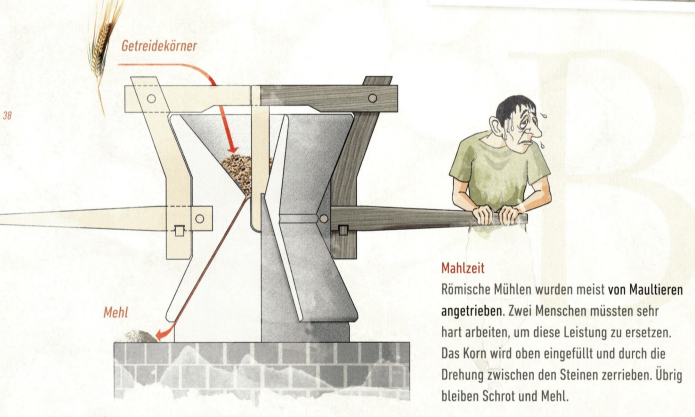

Getreidekörner

Mehl

Mahlzeit
Römische Mühlen wurden meist **von Maultieren angetrieben**. Zwei Menschen müssten sehr hart arbeiten, um diese Leistung zu ersetzen. Das Korn wird oben eingefüllt und durch die Drehung zwischen den Steinen zerrieben. Übrig bleiben Schrot und Mehl.

Hochbetrieb in einer Bäckerei:

Kornanlieferung und Bezahlung .... Mahlen .... Sieben des Mehls .... Teigknetmaschine ....

Heiße Kiste

Wie funktioniert eigentlich ein römischer Backofen? Um den Ofen zu erhitzen, wird Holz im Backraum verbrannt. Wenn die richtige Temperatur erreicht ist, werden die Glut und die Asche ausgeräumt und die Brotlaibe in den heißen Backraum geschoben.

Schwarzbrot?

Eigentlich war das Brot der Römer nicht so dunkel. Dieses Brot wurde durch einen Vulkanausbruch verkohlt. Wenn du wissen möchtest, wie römisches Brot schmeckt, dann ist dieses Rezept das Richtige für dich:

Zutaten:
500 Gramm Vollkornmehl
0,3 Liter warmes Wasser
2 Esslöffel Honig
1 Prise Anis
1/2 Päckchen Hefe
2 Eier
4 Lorbeerblätter

Mehl, Wasser, Eier, Hefe und Anis in einer Schüssel mit dem Mixer verrühren und etwa 60 Minuten bis zur doppelten Größe gehen lassen. Danach alles gut durchkneten und in eine passende Backform geben, in der die Lorbeerblätter liegen. Erneut 30-60 Minuten gehen lassen. Das Ganze nun etwa 45 Minuten bei 180 Grad backen. Ungefähr 15 Minuten vor dem Backende das Brot mit Honig bestreichen.

Das Museum mit der Maus

Das ist **Ammausius**, unsere Museumsmaus. Ihre Vorfahren sind mit den Römern nach Germanien eingewandert. Sie versteckt sich dort, wo das Handwerk des Bäckers vorgestellt wird.

..........Formen der Brotlaibe ... Backen .... Wiegen der Brote .... Transport zum Verkauf

In der Herberge wird Titia bereits sehnsüchtig erwartet, denn ohne sie geht in der **Küche** oft etwas schief. Die neue Sklavin Athala hat als Germanin mit der lateinischen Sprache noch ihre Schwierigkeiten und hat das Essen falsch gewürzt. Die Hausherrin Hostilia Rustica duldet aber keine Abweichung von ihren Rezepten. Sie ist davon überzeugt, dass man bei ihr das beste Essen in der Colonia Ulpia Traiana bekommt.

Titia legt die Einkäufe ab und versucht, den Frieden in der Küche wiederherzustellen. „Herrin, wir werden es noch einmal neu zubereiten. Und für diesen Eintopf hat sicherlich Publius Sattius in seinem Thermopolium noch Verwendung." Weit muss Athala den Topf nicht tragen, denn Sattius betreibt seinen Schnellimbiss, wie man ein Thermopolium heute nennen würde, im selben Gebäude.

Küche

Die Küche der römischen Herberge kann heute zu besonderen Anlässen benutzt werden. Der Rauch muss durch das Fenster neben dem Herd abziehen. Hier steht gerade ein Topf auf dem Feuer. **Was da wohl Leckeres kocht?**

Coqua oder Coquus gesucht

Was braucht man in einer römischen Küche unbedingt? Nicht nur Reibschalen, Teller, Töpfe und Messer, sondern auch die richtigen Zutaten – und natürlich jemanden, der die Rezepte kennt: eine Köchin (coqua) oder einen Koch (coquus).

Basilikum
Dill
Salbei
Kümmel
Petersilie
Oregano

Geschmackssache

Um ein leckeres Essen zuzubereiten, verwendeten die Römer viele verschiedene Kräuter und Gewürze. Welche davon findest du in eurer Küche zu Hause wieder?

So ein Käse Durch den Feinschmecker Apicius kennen wir einige ausgefallene römische Rezepte wie etwa **gefüllte Haselmäuse oder gebackene Seeigel**. Wer jedoch etwas essen möchte, das alle Römer kannten, sollte sich Moretum zubereiten. Und so wird es gemacht:

Zutaten: 250 Gramm Pecorino (Schafskäse) <u>oder</u> 400 Gramm Ricotta (Frischkäse) (die deftige Variante mit dem Schafskäse entspricht dem römischen Geschmack, mit Frischkäse erhält man eine milde Version), 1 Esslöffel Olivenöl, ca. 6 Knoblauchzehen (nach Geschmack), 1 Esslöffel gemahlener Koriander, 1 Zwiebel, frische Küchenkräuter nach Belieben (zum Beispiel Thymian, Minze, Bohnenkraut, Selleriegrün, Schnittlauch, Rosmarin, Petersilie, Liebstöckel), Salz und Pfeffer.

Den Knoblauch zerdrücken und mit dem Käse und Öl in eine Schüssel geben. Die ausgewählten Kräuter und die Zwiebel fein hacken. Dann alles mit dem Mixer verrühren und mit Salz und Pfeffer abschmecken. Zusammen mit dem selbstgebackenen Brot von *S. 39* hast du eine typisch römische Mahlzeit auf dem Tisch. Guten Appetit!

Tief gekühlt

So sah der **Kühlschrank der Antike** aus: Riesige Tontöpfe wurden geschützt vor der Sonne tief im Boden eingegraben. Die Temperatur blieb auf diese Weise selbst im Sommer niedrig genug, um Nahrungsmittel zu kühlen. Wenn du zu Hause einen Keller hast, ist dir bestimmt schon aufgefallen, dass es dort an heißen Tagen viel kälter ist als draußen oder in den oberen Stockwerken des Hauses.

"Athala, ich sollte dich an meinem Gewinn beteiligen." Publius Sattius ist froh über den Topf, den ihm die Sklavin bringt. Seit sie in der Herbergsküche arbeitet, bekommt er häufiger Speisen von dort. Was Hostilia Rustica für ungenießbar hält, findet in seinem **Imbiss** begeisterte Esser. Auch dieses Mal ist es wieder ein vorzüglicher Eintopf, den er als günstige Mahlzeit an seine Kunden verkaufen kann. Sattius hofft, dass Hostilia Rustica nicht auffallen wird, wie gut ihre neue Sklavin eigentlich kocht.

So geht es auch Quintus Solenius Fuscus und Tertius Fabronius. Die beiden Handwerker haben im selben Gebäude ihre Läden. Am liebsten möchten sie jeden Tag eine so leckere Mahlzeit bei Sattius bekommen.

Römischer Imbiss

Im Imbiss der römischen Herberge werden heute auch moderne Snacks verkauft. Currywurst mit Pommes gab es bei den Römern nicht. Weil es in vielen Mietwohnungen keinen Herd gab, besorgten sie sich in den Garküchen entlang der Straße **für wenig Geld ein warmes Essen.**

Es ist noch Suppe da ...

Mit dieser Kelle aus Holz haben die Römer bestimmt so einige Suppen ausgelöffelt. **Weil Holz sich nur ganz selten über Jahrtausende erhält**, ist dies ein wertvoller Fund. Der ehemalige Besitzer hätte bestimmt nicht gedacht, dass seine Suppenkelle einmal in einem Buch zu sehen sein würde.

Pulswärmer

Das gängigste Gericht der Römer war Puls, ein Eintopfgericht. Die Rezepturen reichen vom reinen Getreidebrei hin zu raffinierteren Varianten mit Gemüse und Fleisch. Da war für jeden Geldbeutel etwas dabei. Möchtest du mal probieren?

Zutaten für 4 Personen:
0,7 Liter Wasser
80 Gramm Weizenvollkornmehl
50 Gramm Gerstenschrot
50 Gramm gelbe Linsen (trocken)
20 Gramm Butter
2 Esslöffel Olivenöl
2 Zwiebeln (in Ringen)
Gewürze nach Belieben: Koriander, Salz, Kümmel, Pfeffer, Liebstöckel, Selleriegrün, Minze
Weitere Zutaten nach Belieben: grüne Bohnen, Speckwürfel, Lauchringe oder gewürfelte Möhren

Ein Topf Eintopf
Die Ruinen dieser Imbissstube (Thermopolium) kann man in Herculaneum in Italien sehen. Man erkennt sie an den runden Löchern in der Theke. In großen Tontöpfen wurden hier die Speisen über der Glut warmgehalten. Meist gab es einfache vegetarische Gerichte wie Suppen oder Eintöpfe, weil Fleisch sehr teuer war.

Zum Mitnehmen oder zum hier Essen?
Diese Frage wird man auch in einer römischen Garküche gestellt haben. Viele der Imbisse waren allerdings nur Verkaufsstände ohne Sitzgelegenheit. In unserem Thermopolium darf man gerne am Tisch Platz nehmen. Wer wie ein feiner Römer im Liegen speisen will, ist hier aber falsch.

AMPHORA

Einwegflasche
Eine Amphora ist ein antikes Gefäß mit zwei Henkeln. Das Wort bedeutet „auf beiden Seiten tragen". Diese großen Gefäße waren mit Wein, Olivenöl oder Fischsauce gefüllt. Um die Amphoren vor dem Zerbrechen zu schützen, konnten sie mit Stroh ummantelt werden. Wein war neben Wasser das Hauptgetränk der Römer, während **Milch nicht getrunken**, sondern zu Käse verarbeitet wurde.

Die Zutaten in einem Topf vermischen und 30 Minuten bei kleiner Flamme kochen lassen. Bei Bedarf noch etwas Wasser hinzugießen. Römer kochten gerne mit Wein und hätten zusätzlich 0,2 Liter trockenen Weißwein verwendet. Nun die weiteren Zutaten in den Topf geben und alles zusammen noch einmal 30 Minuten lang kochen. Wie jeder Eintopf schmeckt auch die Puls am besten, wenn sie am nächsten Tag wieder aufgewärmt wird.

Auch Fuscus, der Schuhmacher, und Fabronius, der Beinschnitzer, hoffen an Markttagen auf mehr Kundschaft. Viele Menschen sind dann in der Colonia unterwegs. Gestärkt durch das warme Essen von Sattius gehen die beiden wieder an die Arbeit.

Unter dem Vordach können sie trotz des einsetzenden Regens draußen vor ihren Läden hämmern, schnitzen und verkaufen. Bei den Handwerkern auf der anderen Straßenseite sind jedoch deutlich mehr Kunden zu sehen. Die Stimmung bei Fuscus und Fabronius ist schlecht. „Den Leuten geht es scheinbar zu gut. Alles wollen sie aus Bronze oder gar Silber fertigen lassen. Wer kauft denn heute noch Dinge, die aus Knochen hergestellt sind?", beschwert sich Fabronius.

Fuscus hat andere Sorgen: „Weißt du, was ich befürchte? Irgendwann werden die Kunden von mir karierte Schuhe verlangen – passend zu den Stoffen des Webers."

Schuhmacher und Beinschnitzer

Wenn Schuhmacher und Beinschnitzer ihr Handwerk im Archäologischen Park vorstellen, wird fleißig gehämmert, gedrechselt und gefeilt. Wer es selbst ausprobiert, merkt schnell, wie mühselig die **Arbeit ohne elektrische Maschinen** ist. Die handgefertigten Produkte sind umso wertvoller.

So ein Chaos!
In römischer Zeit gab es auch Spezialisten, die nur eine Schuhsorte im Angebot hatten. Unser Schuhmacher dagegen ist ein Alleskönner! Er stellt die verschiedensten Arten von Schuhen her. Auf diesem Bild ist **einiges durcheinandergeraten**. Findest du die drei Schuhpaare?

Echte Handarbeit
Als es noch keine Kunststoffe gab, wurden viele nützliche Dinge vom Beinschnitzer aus Knochen gefertigt, zum Beispiel Spielsteine und Nadeln.

Das wird knapp

Nicht jedem Handwerker stand ein ganzes Haus zur Verfügung. Viel Platz hatte unser Schuhmacher mit seiner Familie nicht zum Leben. Gut, dass er auch den überdachten Straßenbereich nutzen konnte. Das Zimmer über seiner Werkstatt hatte nur etwa elf Quadratmeter. Weißt du, wie groß dein Zimmer ist?

Ein Rindvieh als Arbeitgeber

Der Bauer sorgt dafür, dass das Rind wächst und gedeiht.
Der Metzger beendet das Leben des Tiers und zerlegt es.
Der Gerber fertigt aus der Haut Leder.
Der Schuhmacher stellt aus dem Leder Schuhe her.
Der Beinschnitzer macht aus Knochen und Horn vielerlei Dinge.
Der Leimsieder gewinnt durch Erhitzen der Knochen Klebstoff.

Das sind nur einige von vielen Handwerkern in römischer Zeit, die fast nichts ungenutzt ließen, was das Rind zu bieten hat. Heute werden sehr viele Dinge aus Kunststoff hergestellt. Findest du bei dir zu Hause noch Produkte, die aus Rind gefertigt wurden?

"Da stehen sie schon wieder und lästern!" Den Augen von Manius Valerius Placidus, dem **Schmied**, entgeht nichts – und ganz besonders nicht die Handwerker von gegenüber. Seine Ehefrau Valeria nimmt es gelassen: „Lass sie doch. Ich habe eher Mitleid mit Fuscus und Fabronius. Stell dir vor, wir müssten mit so wenig Platz zum Arbeiten und Wohnen auskommen."
Prisca hat das Gespräch ihrer Eltern mit angehört. Als sie sich nun ihre ganze Familie in dem kleinen Zimmer über der Schuhmacherwerkstatt vorstellt, muss sie lachen. Da bliebe nicht mal mehr Platz für einen Tisch!
„Prisca, bist du so weit? Können wir jetzt endlich zu den Thermen gehen?" Ihre Mutter möchte so früh wie möglich zur Badeanlage der Herberge. „Vergiss nicht, dass wir am Nachmittag noch zu Faustus und Maximus wollen", fügt sie hinzu.

Schmied und Weber

... solange es heiß ist

Die Luft aus dem Blasebalg, den der Junge links bedient, facht die Glut an und macht sie **so heiß**, dass Eisen darin rotglühend wird. Nun ist das Eisen formbar und wird vom Schmied mit Zange und Hammer auf dem Amboss bearbeitet.

Eine sichere Sache

Drei Werkzeuge des Schmieds sind auf der rechten Seite abgebildet. Aber was ist wohl der untere Gegenstand? Kleiner Tipp: Dies hier gehört **schließlich** dazu.

Als dieses Buch entstand, waren diese Häuser noch eine Baustelle im APX. So sollen sie aussehen, wenn die Arbeiten abgeschlossen sind. Innen geben sie dann einen Einblick in das Leben römischer Schmiede und Weber.

   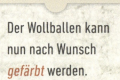

Vom Schaf zur Tunika:

Die Wolle muss ab! Gut, dass sie nach dem *Scheren* wieder nachwächst.

Durch das *Reinigen* und *Kämmen* wird die Rohwolle für das Spinnen vorbereitet.

Der Wollballen kann nun nach Wunsch *gefärbt* werden.

Made in the colonia

Vieles wurde in der Stadt produziert, denn lange Transportwege erhöhten den Preis der Waren enorm. Das ist heute anders. Achte doch mal darauf, woher die Dinge kommen, die du täglich verwendest. Meistens steht es auf der Verpackung.

Römische Mode

Du möchtest bei deinem nächsten Besuch im APX **aussehen wie ein Römer** in Germanien? Für eine Tunika brauchst du zwei gleich große, rechteckige Stoffe. Die Länge ist dir überlassen. Männer trugen sie bis oberhalb der Knie, Frauen bis zum Fußknöchel.

< 20 cm >

< *Schulterbreite in cm x 1,5* >

An einer Schmalseite werden die Stoffe so zusammengenäht, dass der Kopf durchpasst (blau). Dann werden jeweils die roten und gelben Kanten aneinandergenäht, sodass die Arme oben noch locker hindurchgehen. Die Tunika wird mit einem Gürtel getragen und darf nicht eng anliegen.

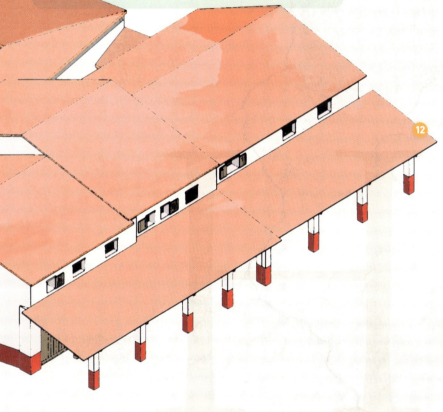

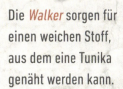

Das *Spinnen* zu einem Faden war mühsame Handarbeit.

Auf dem Webstuhl wird aus dem Faden schließlich Stoff *gewebt*.

Die *Walker* sorgen für einen weichen Stoff, aus dem eine Tunika genäht werden kann.

So viel Arbeit für eine Tunika! Da wundert es nicht, dass ein einfacher Römer einen **ganzen Monatslohn** dafür zahlen musste.

Als Valeria und ihre Tochter Prisca die Straße überqueren, sind sie sich einig: „Gut, dass die ersten Badestunden für Frauen reserviert sind." Prisca fragt sich, wie schwarz sich das Badewasser wohl färben würde, wenn ihr Vater nach der Arbeit als Schmied sofort hineinspränge.
Als die beiden den Umkleideraum der **Herbergsthermen** betreten, wundern sie sich, dass fast alle Kleiderfächer leer sind. Der Bademeister Aulus Celsius Aquinus eilt ihnen aus dem Kaltbad entgegen.

„Valeria, es tut mir leid, aber unser Warmbad ist geschlossen. Die Heizung muss dringend gesäubert und repariert werden. Zwei Wochen lang kann ich nur das Kaltbad öffnen." – „Mal ganz ehrlich, Aquinus. Hättest du damit nicht warten können, bis der Sommer uns zum Schwitzen bringt?", fragt Valeria enttäuscht. Prisca überredet ihre Mutter, den weiten Weg zu den Großen Thermen zu gehen. Das Mädchen hofft nämlich, dort ihre beste Freundin Lucretia zu treffen.

Herbergsthermen

Willkommen in den Herbergsthermen! In jeder römischen Siedlung gab es Thermen mit kalten und warmen Baderäumen. Ein eigenes Bad hatten nur die reichsten Leute. Daher war immer viel Betrieb in den öffentlichen Badeanlagen. **Der Eintritt war sehr günstig oder sogar gratis.** So konnte sich jeder seine Sauberkeit leisten.

Das Kaltbad nannten die Römer *Frigidarium* .... Im lauwarmen *Tepidarium* konnte man sich auch eine Massage gönnen.........

Frisch gestriegelt
Das Gerät rechts heißt Strigilis und diente zur Reinigung vor dem Baden. Erst rieb man sich mit Öl ein und strich dann mit der Strigilis alles wieder ab. Für die Haut ist das **viel schonender als das Waschen mit Seife.**

Vorsicht, Stinkbombe!
Die Parfümherstellung haben die Römer von den Ägyptern gelernt. Wer nach dem Bad gut duften wollte, konnte etwas Duftöl aus einem solchen Fläschchen benutzen.

CALDARIUM — PRAEFURNIUM

Heizkessel — **Wasserspeicher** — **Kalt** — **Warm** — **Heiß**

.... Richtig warm war es im *Caldarium* .... Mit dem Feuer im *Praefurnium* wurden das Badewasser und die Räume erhitzt

Frauen und Kinder zuerst!
Die Badezeiten für Frauen und Männer waren in den meisten Badeanlagen getrennt. Schließlich stieg man **ganz ohne Kleidung ins Wasser**. Meist gehörten auch Sport und Unterhaltung zum Besuch der Thermen.

Klickklack statt Flipflop
Der Boden im Caldarium wurde durch das Feuer so heiß, dass man barfuß kaum darauf stehen konnte. Daher gab es Badelatschen wie diese aus Holz.

therm = warm
Wie der Name schon sagt: In den Thermen war es ziemlich warm. Bestimmt kennst du noch andere Wörter, in denen das griechische Wort „therm" vorkommt.

In den **Großen Thermen** der Stadt erwartet Valeria und Prisca viel mehr, als das Bad in der Herberge bieten könnte: Fußböden aus Marmor, Schwitzbäder, Sportmöglichkeiten – und Priscas beste Freundin Lucretia. Beide freuen sich über ihr Wiedersehen.

Während die beiden Mädchen auf dem großen Platz hinter der Badeanlage spielen, will Valeria den Arzt Praxagoras aufsuchen. Er hat hier seine Praxis und kann vielleicht etwas gegen ihre Rückenschmerzen tun. Als Valeria sich gerade auf den Weg zu ihm machen will, ruft Prisca: „Mutter, schau mal, wie schnell dein Arzt laufen kann! Der kriegt dich bestimmt auch ganz schnell wieder fit." Sie zeigt auf Praxagoras, der gerade eilig über den Sportplatz läuft. Aber Valeria hat da so ihre Zweifel. „Hmm, mir scheint, er hält sich den Bauch und rennt zur Latrine."
Ein Arzt mit Durchfall? Da wird Valeria heute wohl etwas länger auf die Behandlung warten müssen.

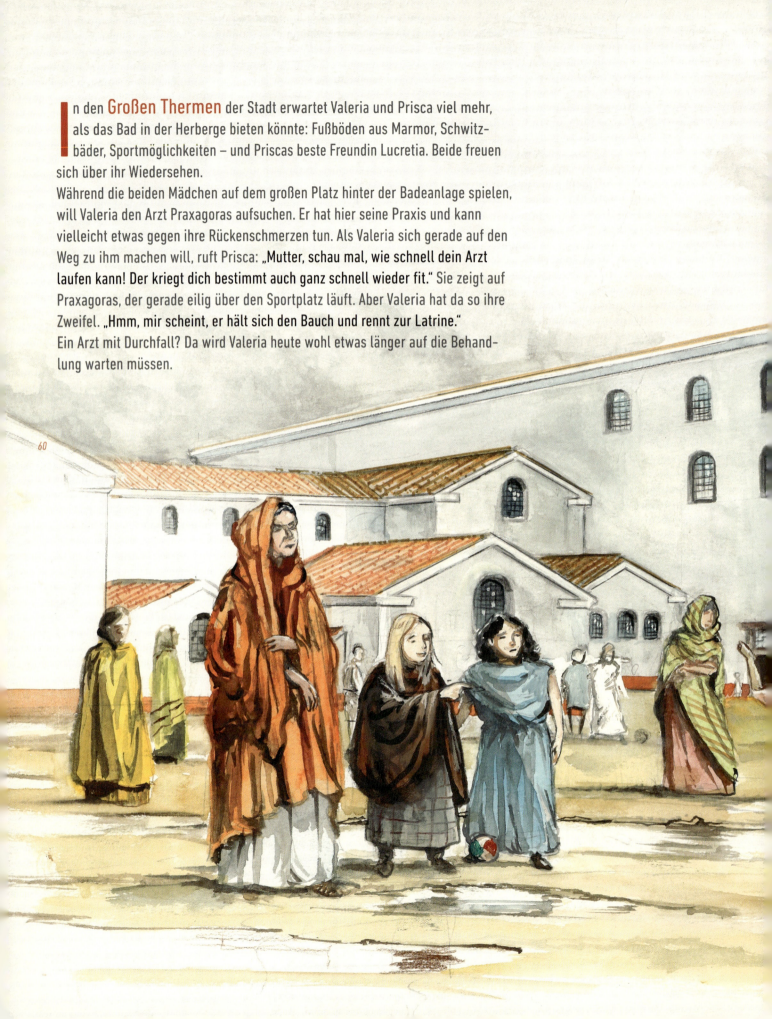

Große Thermen

Baden im Museum? Die römische Badeanlage war genauso groß wie das Bauwerk, das du hier siehst. Allerdings verwendeten die Römer dafür nicht Glas und Stahl, sondern Steine und Ziegel. Die originalen Reste sind heute unter einem Dach vor weiterer Zerstörung geschützt. Wo früher **die riesige Eingangshalle des Bades stand,** findest du jetzt das LVR-RömerMuseum.

KALTBAD
LATRINE
WARMBAD
HAARAUSZUPFER
SPORTPLATZ
MASSAGE
ARZT
SCHWITZBAD
UMKLEIDE

Für jeden etwas

Die Großen Thermen der Colonia Ulpia Traiana sind **vergleichbar mit modernen Freizeitzentren.** Hier konnte man nicht nur baden, sondern viel für seine Gesundheit tun, zum Beispiel schwitzen im Sudatorium (einer Art Sauna), Sport auf der Palästra betreiben (dem großen Platz hinter dem Gebäude) oder seinen Körper massieren und pflegen lassen.

Arzt

Bei schweren Verletzungen konnten römische Ärzte auch operieren.

Tägliche Ruhestörung

Durch einen Brief von Seneca an seinen Freund Lucilius wissen wir, dass es in römischen Bädern nicht nur lebhaft, sondern auch sehr laut zuging: „Ich wohne gerade über einem Bad. Stell dir die unterschiedlichsten Geräusche vor, die meine Ohren ertragen müssen: Wenn die Athleten ihre Gewichte stemmen, so ächzen und stöhnen sie. Bei den Masseuren hört man beim Klatschen auf der nackten Haut, ob sie die Hand hohl oder flach halten. Hinzu kommt noch der Ballspieler, der lauthals seine Treffer zählt. Dann gibt es noch das Geschrei, wenn ein Dieb gefasst wird. Und den Gesang von Badegästen, der nur ihnen allein gefallen kann. Immer wieder springt jemand mit lautem Platschen ins Wasser. Schlimm ist auch die schrille Stimme des Haarauszupfers, der erst Ruhe gibt, wenn er einen Kunden zum Schreien bringen darf. Abgerundet wird die Geräuschkulisse durch die Essensverkäufer, die ihre Speisen ... lautstark anpreisen."

Weitsprung mit Hanteln *Diskuswerferin* *Wer läuft wohl am schnellsten?*

Der Preis für die Siegerin *Ballspiel zu zweit*

Sportliche Römerinnen

Nur in ganz wenigen Bädern gab es Becken, die groß genug zum Schwimmen waren.
Wer Spaß an Bewegung hatte, für den gab es viele unterschiedliche Spiele.
Die jedoch fanden außerhalb des Wassers statt und wurden auch von Erwachsenen gespielt.

Praxagoras sitzt mit blassem Gesicht auf der **Latrine**. Neben ihm hat sein Freund Numerius Victorius Longinus Platz genommen. Er besitzt viel Land außerhalb der Stadt und gehört zu den reichsten Einwohnern der Colonia. Für heute Abend hat Longinus einige Freunde und Bekannte zum Essen in sein Haus eingeladen. Auch Praxagoras gehört zu den Glücklichen, die sich auf leckeres Essen und teuren Wein freuen dürfen. Aber der Arzt stöhnt: „Dein gutes Essen wäre heute bei mir vergeudet!" Longinus tut es sehr leid, dass Praxagoras nicht kommen kann: „Dein Humor wird uns heute Abend fehlen." Als er sich auf den Weg nach Hause macht, um die Vorbereitungen für das Gastmahl zu treffen, verabschiedet ihn Praxagoras mit einem gut gemeinten Rat: „Übertreibt es nicht mit dem Feiern. Ich bin nicht sicher, ob ich euch morgen schon wieder helfen kann, wenn ihr krank seid."

Latrine

Auf der Latrine sitzen alle in der ersten Reihe! Bis zu 60 Personen konnten die Toilettenanlage an den Großen Thermen gleichzeitig nutzen. **Einzelkabinen gab es nicht. So konnte man sich unterhalten und gleichzeitig „Geschäfte machen".**

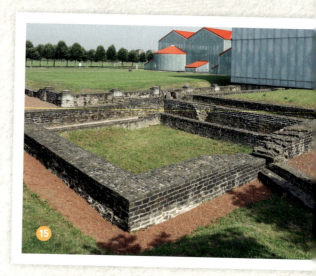

Quelle

überirdische Wasserleitung (Aquädukt)

Lange Leitung
Das frische Wasser wurde über eine Strecke von fast zwölf Kilometern in die Colonia Ulpia Traiana geleitet. Das *Teilstück* links gehörte dazu. Ein leichtes Gefälle sorgte dafür, **dass keine Pumpe benötigt wurde.**

Über die Wasserleitung wurden auch die *Großen Thermen* versorgt. Ein Speicherturm garantierte, dass immer genug sauberes Wasser zur Verfügung stand.

So eine Schweinerei!
Schon in der Antike gab es Schmierfinken, die ihre Sprüche überall hinkritzelten. Aus der Colonia Ulpia Traiana ist hier ein kleiner Teil erhalten.

Eine Schüssel für alle Fälle
Die meisten Bewohner der Stadt hatten keine eigene Toilette. Besonders nachts benutzte man daher Töpfe wie diesen. Von einigen Handwerkern wurde **Urin sogar in großen Behältern gesammelt**. Sie brauchten diesen natürlichen Rohstoff zum Färben von Wolle oder zum Gerben von Leder.

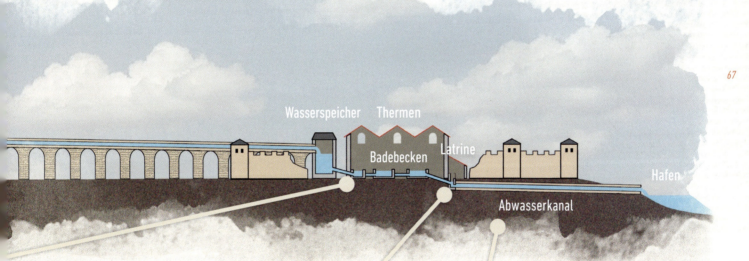

Für die Spülung der *Latrine* wurde das gebrauchte Wasser aus den Badebecken benutzt. Trinkwasser war zu wertvoll dafür.

Die *Abwasserkanäle* verliefen damals wie heute unter den Straßen. Sie führten meist direkt zum *Hafen* der Stadt. Dort wurde das Abwasser ungeklärt in den Rhein geleitet.

Als Longinus sein Haus betritt, trifft er seine Frau Vipsania Severina bei den Vorbereitungen für das Abendessen an. „Mein Lieber, warum bist du so früh wieder zurück? Ich habe hier alles im Griff. Sieh lieber zu, dass auch genügend Gäste kommen!" Da macht sich Longinus keine Sorgen, denn bei Faustus und Maximus wird er später noch einige Freunde treffen.
Auch Severina hat etwas Dringendes zu erledigen: „Ich muss heute unbedingt noch zur Herberge. Rustica hat es doch wirklich geschafft, einen der besten Maler aus der Colonia Claudia Ara Agrippinensium hierher zu holen. Nun bemalt ein echter Künstler die Wände ihrer schäbigen Herberge."
Man merkt, dass Severina auf Rustica nicht gut zu sprechen ist. Viel lieber würde sie den Maler in ihrem eigenen Haus arbeiten sehen. Longinus versucht sie zu beruhigen: „Sieh es positiv: Weil er gerade hier in der Herberge tätig ist, hast du die Gelegenheit, ihm von deinem Wunsch zu erzählen."

Reiches Haus

Der Knabe aus Bronze hielt einst **ein Tablett in den Händen**. Da er sich nicht bewegen kann, musste man sich die Speisen bei ihm abholen. Bei einem römischen Gastmahl war das allerdings schwierig. Hier lagen alle auf sogenannten Klinen und ließen sich bedienen. Für die gute Stimmung sorgten neben reichlich Wein und köstlichen Speisen auch Musiker und andere Künstler.

Arm und reich

Den Reichtum einer Familie erkannte man auch an der Einrichtung. Jeweils zwei dieser Gegenstände wurden für den gleichen Zweck genutzt. Welche stammen aus einem reichen und welche aus einem armen Haushalt?

Nicht den Kopf hängen lassen

Bronzene Kandelaber wurden in reichen Häusern zur Beleuchtung genutzt. Dieser ist allerdings verbogen und kann nun keine Öllampe mehr tragen.

Drei mal drei

Normalerweise standen in den Speiseräumen reicher Leute drei Klinen zusammen. Das nannte man dann Triclinium. Mehrere Betten in einem Raum findet man heute eher in einer Klinik. Dort hat das aus dem Griechischen stammende Wort überlebt.

Blätterteilchen

Wer **eine Party nach römischer Art feiern** möchte, braucht die passende Dekoration. Dazu gehört natürlich eine Girlande. Efeuranken eignen sich besonders gut, da sie sehr lang und das ganze Jahr über grün sind. Wenn du keine echten Ranken findest, kannst du auch welche aus Kunststoff kaufen. Die Ranken werden umeinander oder um ein Seil in der gewünschten Länge gewickelt und mit dünnem Draht zusammengehalten.
Die Umwicklung mit einem Stoffband bringt Farbe ins Spiel. Mit dem Draht kannst du auch Blumen an deiner Girlande befestigen.

"Hoffentlich treffe ich Rustica nicht!", denkt Severina, als sie an der **Herberge** ankommt. Doch schon am Eingang stößt sie beinahe mit ihr zusammen. Hostilia Rustica würde Severina am liebsten gar nicht hereinlassen, aber schließlich hat sie die Gattin eines einflussreichen Mannes vor sich. Der Maler Tiberius Pinarius Pictor verziert gerade eine Wand mit einer bunten Girlande. „Oh, welch exzellentes Werk. Dies werden in dieser Herberge sicher viele Augen sehen, aber auf echten Kunstverstand trifft man doch eher in unserem Haus", sagt Severina. Pictor hasst solche Schmeicheleien, aber er wittert ein gutes Geschäft. Severina will nicht nur zwei Zimmer ihres Hauses neu gestalten lassen, sondern wünscht sich auch für das Grabmal ihres Vaters eine frische Bemalung. „Gräber? Dafür habe ich einen Experten. Spurius, schau du dir das doch mal an!" Eigentlich ist Spurius Celorius noch ein Lehrling. Doch Pictor hat wenig Lust, selber für Severina zu arbeiten.

Herberge

Die antiken Herbergen boten bei Reisen eine Unterkunft für die Nacht. Die meisten von ihnen hatten keinen guten Ruf. Wie gut man letztlich schlief, hing vor allem vom Geldbeutel ab. Arme Leute mussten das Bett sogar mit Fremden teilen – und vielen kleinen Tierchen. Auch wenn man reich genug war, um sich gleich mehrere Räume zu mieten, **war man vor Flöhen nicht sicher.**

Gefälschter Luxus
Wenn das Geld für teure Marmorplatten an der Wand nicht reichte, konnte der Maler mit Farbe den Marmor nachahmen. Die Flecken unten an der Wand sind in Spritztechnik aufgetragen. Praktischerweise fiel es so später nicht auf, wenn Schmutz vom Fußboden an die Wand spritzte.

Bodenständig
In der römischen Stadt kannte man viele Arten von Bodenbelägen für die Häuser. Hier eine kleine Auswahl.

Die günstige Variante:
Holzbohlen

Die wasserfeste Schicht:
Estrich mit Ziegelstückchen

Der Luxusboden:
farbige Steinplatten

Willkommen zu Hause

Möchtest du wohnen wie zur Römerzeit? Dann **entwirf doch mal dein Zimmer auf einem Blatt Papier neu**. Mit welcher römischen Malerei würdest du deine Wand verzieren? Kleiner Tipp: Nichts auf die Wand malen, ohne deine Eltern zu fragen!

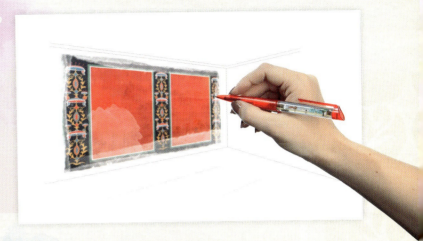

Erst mahlen, dann malen

Mit diesem Mörser wurden die Farben vorbereitet. Die natürlichen Farbstoffe wurden darin vor dem Anrühren zu Pulver zerrieben.

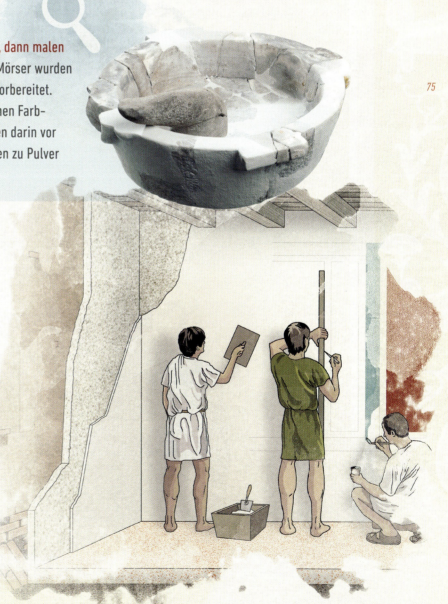

Schichtarbeit

Um eine Mauer aus Steinen, Ziegeln oder Lehm in eine schöne Wand zu verwandeln, sind mehrere Arbeitsschritte notwendig. Zuerst wird die Mauer verputzt, dann folgen eine weitere grobe Mörtelschicht und schließlich der feine Putz. Um eine alte Wandmalerei zu erneuern, wird die Oberfläche aufgeraut und dann mit neuem Feinmörtel überzogen. **Solange die oberste Schicht noch feucht ist,** wird die Farbe aufgetragen und trocknet dann an der Wand.

Vor dem Nordtor der Stadt erreichen Severina und Spurius das Grabmal von Titus Vipsanius Flavus. Es hat die Form eines kleinen Tempels und gehört zu den schönsten weit und breit. Aber die Farbe müsste wirklich dringend erneuert werden.
Der Malerlehrling spielt weiter den Experten: „Also hier würde ich Ocker auftragen, für das Blau nehmen wir am besten Azurit und … warum stinkt es hier eigentlich so?" Spurius rümpft die Nase. Den Grund finden die beiden hinter dem Grabmal. Offenbar wird dieser Ort gerne von Vorbeikommenden als Latrine missbraucht.
„So eine Schweinerei! Was kann man nur dagegen tun?" Severina ist empört.
Doch Spurius hat eine Idee: „Auf den Gräbern vor unserer Stadt stehen häufig Warnungen. Wie wäre es, wenn ich hinten draufschreibe: Wer glaubt, hier wäre eine Latrine, den soll auf der Stelle der Blitz des Jupiter treffen." Begeistert erteilt Severina ihm den Auftrag, dies in leuchtend roten Buchstaben auf die Rückseite des Grabmals zu pinseln.

Grabmäler

Die Gräber der Römerinnen und Römer findet man an den Straßen vor den Toren der Stadt. **Es war wichtiger, in Erinnerung zu bleiben,** als an einer abgelegenen Stelle in Frieden zu ruhen. Was hilft da besser als ein großer, bunter Grabstein direkt neben der Hauptstraße?

Kein Haus für die Ewigkeit

Von den Grabmälern der Colonia Ulpia Traiana ist nicht viel übrig geblieben. Ein kleines Stück eines Daches muss manchmal reichen, um sich ihre Größe vorzustellen.

Trauriges Gesicht

In diesem Topf wurde nach der Verbrennung eines Leichnams die Asche gesammelt. Solch ein Gefäß nennt man Urne. Zusammen mit der Asche in der Urne wurden häufig Beigaben wie etwa **Schmuck und Nahrungsmittel im Grab abgelegt.** Auf dem letzten Weg sollte es an nichts fehlen.

Geisterstunde

Da Begräbnisse in der Antike grundsätzlich nur außerhalb der Stadt erlaubt waren, konnte es dort nachts gefährlich werden. Dann lagen die Gräber unbewacht im Dunkeln. Obwohl **schlimme Strafen drohten,** lockten die wertvollen Beigaben so manchen Grabräuber an.

Blitz des Jupiter

Auch wer nicht lesen kann, weiß, was ihm hier in Aquileia (Italien) droht: Wer dieses Grab beschmutzt, den werden die Götter bestrafen.

Visitenkarte aus Stein

Auf römischen Grabsteinen findet man häufig Namen, Alter und Beruf des Verstorbenen sowie den Aufsteller des Steins. Schauen wir doch mal, **wem dieses bunte Grabmal gehört**.

Name: Firmus, *Name des Vaters:* Ecco
Beruf: Soldat in der rätischen Kohorte
Herkunft: italienische Alpen, *Alter:* 36 Jahre
Dienstzeit: 17 Jahre, *Aufsteller des Steins:*
der Erbe, so wie es im Testament stand,
sonst noch hier begraben: der Sklave Fuscus

Manchmal liest man auf Gräbern auch unerwartete Sprüche. Hier eine kleine Auswahl:

Wer diese Inschrift liest, soll viele Tränen vergießen.

Ich war nicht, ich bin nicht, ist mir auch egal.

Grabsteine gibt es genug, denn ich starb ja nicht allein.

Totengräber, halt ein! Hier liegt schon einer.

Wer sich hier entleert, den soll der Zorn der Götter treffen.

Was du nicht willst, das man dir tu, das füg auch keinem andern zu.

> Was erfährt man heute auf den Grabsteinen über die Verstorbenen?

Als Severina und Spurius zum Nordtor der Colonia Ulpia Traiana zurückkehren, stehen dort Gaius Laberius Honoratus und sein Sohn Marcus wie zwei Torwächter.
„Honoratus, sind wir wirklich schon so weit gekommen, dass der Ädil das **Stadttor** selbst bewachen muss?", lästert Severina. „Eigentlich sollten ja zwei Männer von unserer Stadtwache das Tor im Auge behalten. Aber wenn sie nicht einmal mich in meiner weißen Toga bemerken ..." sagt der Ädil, der mit seiner Geduld am Ende ist: „Dass wir gerade in Frieden leben, heißt nicht, dass keiner mehr aufpassen muss!" Severina nutzt die Gelegenheit, um Honoratus zum Abendessen einzuladen: „Es wäre eine Freude, dich heute Abend in unserem Hause zu sehen. Und deine Wachen sind uns gerade entgegengelaufen, weil sie einen Dieb verfolgen." Die Laune von Honoratus bessert sich schlagartig. „Ja, meine Leute sorgen hier für Recht und Sicherheit", verkündet er stolz. Dennoch beschließt er, auch die anderen Posten an der Stadtmauer etwas näher unter die Lupe zu nehmen. „Hauptsache, wir sind rechtzeitig bei Faustus und Maximus", gibt sein Sohn Marcus zu bedenken.

Stadttor

Wer passt auf?
In Rom gab es die Vigiles, die man am ehesten **mit unserer heutigen Feuerwehr vergleichen** kann. Wer aufpasst, dass es nicht brennt, kann auch auf andere Dinge ein wachsames Auge haben. Daher waren die Vigiles gleichzeitig eine Art Sicherheitsdienst. Ob es Vigiles auch in der Colonia Ulpia Traiana gegeben hat, wissen wir leider nicht.

PORTA

Hereinspaziert! Das galt natürlich **nicht für Feinde und Räuber**. Daher leisteten sich die meisten Städte eine Mauer mit Wehrtürmen. Wer von Norden kommend in die Colonia Ulpia Traiana wollte, musste durch dieses Stadttor. Auch wenn die Stadt direkt an der Grenze des Römischen Reiches lag, wird sie in Friedenszeiten nicht sonderlich bewacht gewesen sein.

Eine gute Versicherung
Es gab zwar in römischer Zeit noch keine Polizei, doch in der Colonia Ulpia Traiana konnte man sich sicher fühlen. Nur knapp drei Kilometer entfernt waren über 5.000 Soldaten im Legionslager stationiert.

TU

MURUS

Hinten anstellen
Die Stadtmauer der Colonia Ulpia Traiana hatte eine Länge von insgesamt 3,4 Kilometern. Sie sollte die mehr als 10.000 Einwohner der Stadt schützen. Wenn die sich alle ganz dicht hintereinander in eine Schlange stellen, ist diese **so lang wie die Stadtmauer**.

Die Abwehr steht
Wie schützt man eine ganze Stadt? Die Römer waren darin Spezialisten. Tiefe Spitzgräben und hohe Mauern aus Stein sollten Feinde fernhalten.

Schwieriger Fall
Fliegen müsste man können. Dann wäre es kein Problem, Mauern und Gräben zu überwinden. Das war in römischer Zeit aber nicht möglich. Welche Taktik würdest du dem Belagerer stattdessen empfehlen?

Auf dem Turm der Stadtmauer beim Amphitheater ist die Spannung auf dem Höhepunkt angelangt. Servius Securius Carantus und Lucius Fannius Lusor gehen ihrer großen Leidenschaft nach: dem Würfelspiel. Bei ihrem **Spiel** geht es um Geld, obwohl das verboten ist. Aber wer soll die beiden Stadtwachen hier oben im Turm schon ertappen? Natürlich Honoratus! Durch den Lärm aus dem Amphitheater bemerken die Würfelspieler den Ädil erst, als er direkt hinter ihnen steht und brüllt: „Das habe ich mir doch gedacht! So etwas nennt ihr Wachdienst? Ihr würdet nicht mal merken, wenn jemand die Stadtmauer klaut!" Honoratus ist außer sich und wirft die Würfel in hohem Bogen aus dem Fenster. Erst als der Ädil wutschnaubend die Leiter herabsteigt, kommt Carantus zu Wort: „Aber ... aber ... wir haben doch längst Feierabend." Vor einer Geldstrafe wegen unerlaubten Glücksspiels wird sie das wohl nicht bewahren.

Spiele

Mit Spielerei hatten die Türme der Stadtmauer eigentlich nichts zu tun. Sie dienten dem Schutz der Stadt und boten eine weite Aussicht. **Die Römer spielten jedoch sehr gern und überall.** Vermutlich haben also auch die Türme der Colonia Ulpia Traiana einige Spiele erlebt.

Ein echter Spielturm
Dieser kleine Turm schützte ehrliche Spieler vor trickreichen Gegnern. Die Würfel wurden oben eingeworfen und beim Herabfallen **tüchtig durchgeschüttelt**. Gegen gezinkte Würfel half das allerdings wenig.

Nur ein Spiel ...
Einen Römer zum Spielen trifft man heute nur selten. Römische Spiele kann man aber trotzdem ausprobieren. Hierzu gibt es im APX ein Spielehaus.

Zwei mal zwei = Mogelei

Glücksspiele um Geld waren nur an speziellen Feiertagen erlaubt. Und wenn Römer spielten, ging es längst **nicht immer mit rechten Dingen zu**. So konnten Würfel mit Blei beschwert oder mehrfach mit den gewünschten Zahlen versehen werden. Der Spiegel zeigt den Betrug.

Rundmühle

Mit diesem Lederbeutel kannst du überall spielen wie im alten Rom. Geschlossen kann man die Spielsteine in ihm transportieren, geöffnet dient er als Spielfeld.

Um dir selbst einen Rundmühle-Beutel anzufertigen, brauchst du ein Stück Leder von mindestens 20 Zentimetern Durchmesser, ein Band, Zirkel und Lineal, eine Schere, eine Lochzange und einen Stift. Als Spielsteine sind farbige Kiesel geeignet.

Spielanleitung: Die beiden Spieler setzen abwechselnd ihre drei Steine auf das Spielfeld. Danach muss reihum jeweils ein Stein um ein Feld weitergezogen werden. Ziel ist es, alle drei Steine in eine Linie zu bringen. **Nur wer die Mitte hat, kann gewinnen.**

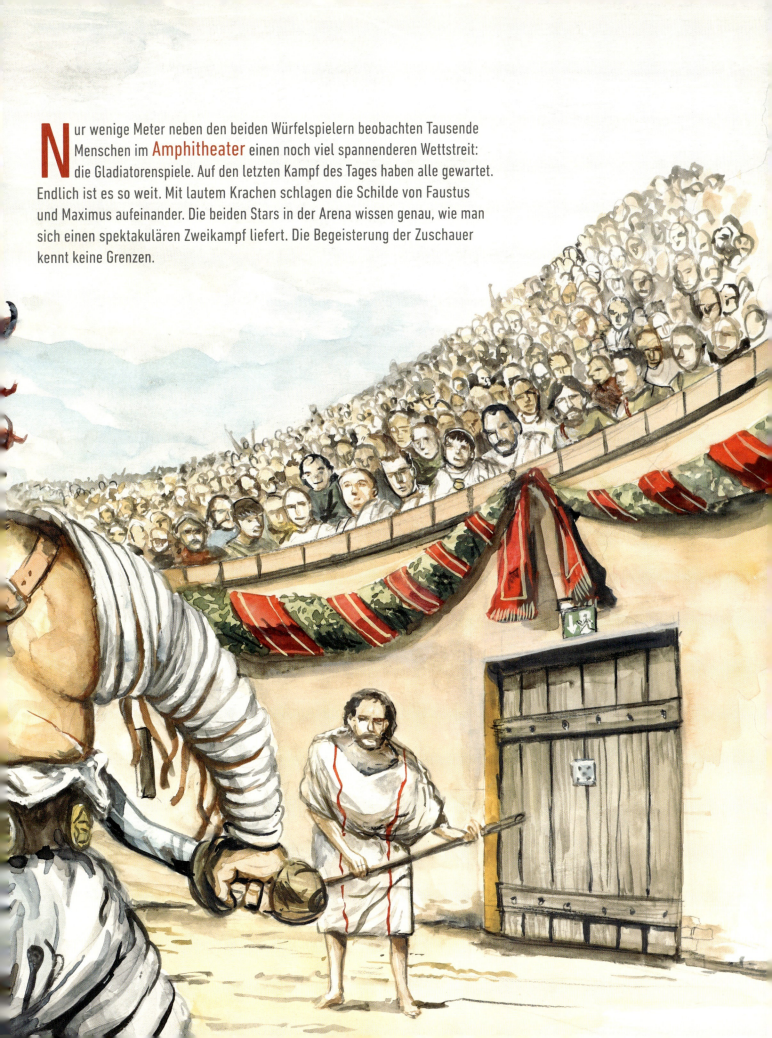

Nur wenige Meter neben den beiden Würfelspielern beobachten Tausende Menschen im **Amphitheater** einen noch viel spannenderen Wettstreit: die Gladiatorenspiele. Auf den letzten Kampf des Tages haben alle gewartet. Endlich ist es so weit. Mit lautem Krachen schlagen die Schilde von Faustus und Maximus aufeinander. Die beiden Stars in der Arena wissen genau, wie man sich einen spektakulären Zweikampf liefert. Die Begeisterung der Zuschauer kennt keine Grenzen.

Amphitheater

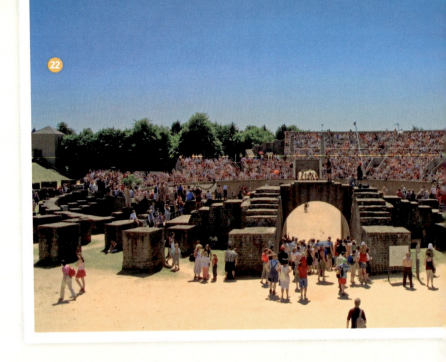

Wenn es im APX wieder „Schwerter, Brot und Spiele" heißt, dann kehren die Gladiatoren zurück in das Amphitheater. In römischer Zeit kämpften sie hier vor bis zu 10.000 Zuschauern. Auch wenn heute kein Blut mehr vergossen wird, sind die Gladiatorenkämpfe immer noch eine echte Attraktion.

MORGENS	MITTAGS
LUDUS BESTIARIUS wilde Tiere gegeneinander	**DAMNATIO AD FERRUM** Hinrichtungen durch Zweikämpfe
VENATIONES Tierhetzen durch erfahrene Jäger	**DAMNATIO AD BESTIAS** Tod der Verurteilten durch wilde Tiere

1. Kaiser
2. Senatoren
3. Ritter
4. Bürger
5. Ausländer & Freigelassene
6. Frauen
7. Sklaven

Arena

Immer der Reihe nach
Heute entscheidet im Stadion oder Theater meist der Eintrittspreis, wer wo sitzen darf. Das war in römischen Amphitheatern anders, denn **der Eintritt kostete nichts**. Die besten Plätze in der ersten Reihe waren reserviert für die wichtigsten Männer der Stadt. Und ganz oben? Weit entfernt vom Geschehen fanden Frauen und Sklaven ihren Platz.

NACHMITTAGS

POMPA
feierlicher Einzug
in die Arena
PROLUSIO Vorkämpfe
mit Holzwaffen
MUNUS
Gladiatorenkämpfe

Römische Hooligans

Im Amphitheater von Pompeji wurde nicht nur in der Arena gekämpft. Bei der Auseinandersetzung mit Zuschauern aus der Nachbarstadt Nuceria kamen im Jahr 59 n. Chr. mehrere Menschen ums Leben. Danach durften in Pompeji zehn Jahre lang keine Gladiatorenspiele mehr stattfinden.

Stars der Arena

Es gab auch regelrechte Stars unter den Gladiatoren. In speziellen Ausrüstungen traten sie gegeneinander an. Welche der Kämpfer würdest du gerne kämpfen sehen?

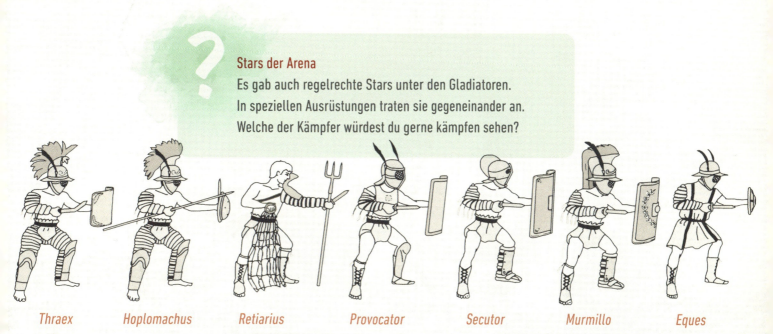

Thraex · Hoplomachus · Retiarius · Provocator · Secutor · Murmillo · Eques

In der Colonia Ulpia Traiana geht ein aufregender Tag zu Ende. Mit dem Einbruch der **Nacht** kehrt die Ruhe zurück in die Stadt. Nur an wenigen Stellen brennt noch Licht. Besonders Kneipen locken auf diese Weise Gäste an. Während Marcus schon seit Stunden zu Hause tief und fest schlummert, lässt sich Honoratus den späten Heimweg vom Gastmahl bei Longinus durch seinen Sklaven Mamercus beleuchten. Der Ädil ist nicht nur satt, sondern auch sehr zufrieden. „Wenn wir jetzt in Rom wären, bräuchte ich deine Laterne kaum. Dort ist um diese Zeit noch Hochbetrieb auf den Straßen", sagt er zu seinem jungen Helfer und fügt hinzu: „Aber außer dem nächtlichen Lärm gibt es bei uns fast alles, was Rom zu bieten hat. Nur das Wetter in Germanien könnte etwas besser sein."

Nacht

Wenn es in der Colonia Ulpia Traiana Nacht wurde und nicht gerade der Mond schien, war es an den meisten Stellen stockdunkel. Eine öffentliche Straßenbeleuchtung mit Öllaternen gab es bestenfalls an den Hauptstraßen. **Licht war Luxus**, elektrische Lampen hatte man noch nicht.

Leckeres Licht

Auf diesem Holzbrett befinden sich Nahrungsmittel. **Die Römer konnten damit aber auch Licht machen.** Aus den Nüssen und Oliven wurde Öl gepresst, Speck und Butter enthalten tierische Fette. Mit Hilfe dieser brennbaren Stoffe und der richtigen Lampe wird es hell.

Leuchtende Beispiele

Die Öllampe ist dir in diesem Buch schon öfter begegnet. Diese billigen Lampen aus Ton konnten sich alle leisten. Damit draußen nicht der Wind das Licht ausblies, nahm man nachts besser eine Laterne mit. Reiche Leute ließen sich diese gerne von jungen Sklaven voraustragen.

Wer hat an der Uhr gedreht?

Wenn die Lampen angezündet werden, kann die Uhr links keine Zeit mehr anzeigen. **Sie funktioniert nur bei Sonnenlicht.** Dabei gibt es in Germanien doch so viele Wolken!

Es wird Zeit

Mit dieser Anleitung kannst du dir deine eigene Sonnenuhr bauen. *Du brauchst:* 1 Blumentopf, 1 Holzstäbchen, Sand, Klebeband, Stift (Permanent), eine moderne Uhr, viel Geduld

Das Loch unten im Blumentopf innen mit Klebeband zukleben. Den Topf zu drei Vierteln mit Sand füllen und das Holzstäbchen senkrecht genau mittig in den Sand stecken. Die Markierungen für 6 Uhr und 18 Uhr liegen sich gegenüber, in die Mitte darüber gehört der Strich für 12 Uhr.
Die Uhr wird zu einer der drei genannten Stunden an der Sonne ausgerichtet. Am besten an einem sonnigen Platz, an dem der Topf stehen bleiben kann. Die restlichen Markierungen am Rand werden zu jeder vollen Stunde gemacht. Bei schlechtem Wetter kann es ein paar Tage dauern, bis du alle Striche aufgemalt hast.
Bedenke: Die Sonnenuhr muss beim Wechsel von Sommer- und Winterzeit gedreht werden!

Stundenlang?

Eine Stunde dauert heute immer 60 Minuten. Die Römer kannten allerdings keine Minuten. Nacht und Tag wurden jeweils in zwölf Stunden unterteilt. Je länger die Helligkeit andauerte, desto länger waren auch die Tagstunden. Das bedeutet, dass in Rom im Sommer **die Stunden tagsüber bis zu 76 Minuten lang** waren. Die Nachtstunden waren dann entsprechend kürzer. Nur an zwei Tagen im Jahr sind Helligkeit und Dunkelheit gleich lang und alle Stunden dauern 60 Minuten.

Unsere Geschichte aus der Colonia Ulpia Traiana endet hier. Das Buch jedoch nicht, denn es gibt noch eine Frage zu klären: Warum ist an der Stelle der römischen Stadt heute der Archäologische Park? Die nächsten Seiten klären es auf.

Archäologie und Ausgrabung

Der Fund im Befund

Spuren, die vom Menschen im Boden hinterlassen wurden, nennt man Befunde. Das sind zum Beispiel Mauern, Gräben oder Abfallgruben. Darin stecken häufig lose Objekte: die Funde. Das können zum Beispiel Knochen, Scherben von Tongefäßen oder Dinge aus Metall sein.

Das Maß aller Dinge
Ganz gleich, ob mit dem Maßband oder Lasertechnik – wichtig ist, dass man bei einer Ausgrabung immer genau festhält, was an welcher Stelle lag.

Bitte stillhalten
Der Befund ist der Star und wird vor der Fotokamera ins rechte Licht gesetzt. Viel mehr als ein Foto, eine Zeichnung und die Funde bleiben nach der Ausgrabung meist nicht von ihm übrig.

Schätze aus Ton
Die Fundstücke aus den Befunden werden gesammelt und nummeriert. Nach dem Reinigen können die Funde erforscht werden und verraten, was hier zu welcher Zeit passiert ist.

Ausgezeichnet erhalten
Für die Zeichnung werden die Befunde genau vermessen und dann verkleinert auf Millimeterpapier übertragen. Alle Beobachtungen während der Ausgrabung werden schriftlich für die Nachwelt festgehalten.

Vom Bagger bis zum Pinsel
Bei einer archäologischen Ausgrabung können ganz unterschiedliche Geräte eingesetzt werden. Dabei müssen alle Befunde vorsichtig freigelegt werden.

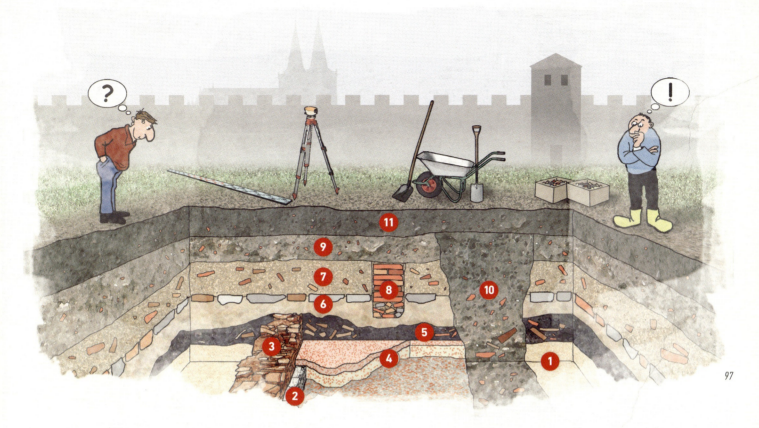

Schichtsalat

Im Boden stecken viele Informationen aus der Vergangenheit. Mit Erfahrung, guter Technik und auch etwas Glück lässt sich durch eine Ausgrabung die Geschichte eines Ortes archäologisch erforschen. Wichtig ist, die Erdschichten und die Reihenfolge, in der sie entstanden sind, zu erkennen. Dabei muss man sehr genau hinschauen. Das Ergebnis der Forschungen könnte dann so aussehen:

Der Untergrund ❶ ist natürlich entstanden und war schon da, bevor Menschen hier siedelten.

um 100 n. Chr.: Die Römer bauen ein Haus. Dazu graben sie die **Frundmauern aus Stein** ❷ tief ein und setzen darauf eine **Mauer aus Ziegeln** ❸. Für den **Fußboden** ❹ sind mehrere Schichten notwendig.

um 125 n. Chr.: Der Besitzer des Hauses hat großes Pech. Nach einem Blitzeinschlag brennt alles ab und hinterlässt eine schwarze **Schicht aus Schutt und Asche** ❺. Der Nachbar nutzt die Gelegenheit und kauft das Grundstück, weil er für seinen Handwerksbetrieb mehr Platz braucht. Er schüttet Sand aus und verlegt darauf die **Steine und Ziegel von dem abgebrannten Haus zu einem Hof** ❻.

um 175 n. Chr.: Die Lehmwände des Handwerkerhauses sind feucht geworden, weil das Dach undicht war. Das Haus stürzt ein und hinterlässt eine dicke **Schicht aus Lehm und Ziegeln** ❼.

um 200 n. Chr.: Der freie Raum bleibt nicht ungenutzt. Auf einem **schmalen Fundament** ❽ wird ein kleines Haus gebaut.

um 275 n. Chr.: Das Haus hat lange gehalten, zerfällt aber, als die Bewohner wegziehen. Nachdem alle noch nutzbaren Materialien geplündert sind, bleibt von dem Bauwerk nur **eine flache Schicht** ❾ zurück.

1277: Auf der Suche nach Steinen für die mittelalterliche Stadt Xanten wird die alte Römerstadt geplündert. Wo einst die Grundmauern der Häuser standen, findet man oft nur noch **Gräben** ❿.

1950: Nachdem der Boden jahrhundertelang als Acker umgepflügt wurde, wird aus der Fläche eine Kuhwiese. Bis zur Tiefe des Pfluges ist **alles durchmischt** ⓫.

Römische Geschichte in Xanten

Von den Römern ...

Die römische Geschichte am Niederrhein lässt sich am besten bei einem Besuch des LVR-Römer-Museums in Xanten entdecken. Bei deiner Reise in die Vergangenheit wirst du dort durch vier gelbe Tore kommen. Sie markieren wichtige Ereignisse.

1 Fremde in Germanien. Die ersten Römer in Xanten sind Legionäre. Sie errichten ein Militärlager und sprechen Latein. Die einheimischen Germanen verstehen zunächst kein Wort.

3 Rom hat wieder alles unter Kontrolle. Kaiser Trajan gibt der Siedlung an der Grenze des Reiches die Stadtrechte. Mit der Colonia Ulpia Traiana entsteht am Niederrhein eine Großstadt.

12 v. Chr. — 69 n. Chr. — 100 n. Chr. — 300 n. Chr.

2 Es gibt Ärger. Beim Aufstand der germanischen Bataver ziehen die Römer vorerst den Kürzeren. Dagegen hilft auch das riesige Legionslager bei Xanten nicht. Es wird komplett zerstört.

4 Die Schwäche des Römischen Reiches zu dieser Zeit bekommen besonders die Bewohner an den Grenzen zu spüren. Die Stadt wird auf ein Drittel verkleinert und stark befestigt.

... bis zur Gegenwart

Heute nimmt der **LVR-Archäologische Park Xanten** fast die gesamte Fläche der römischen Stadt Colonia Ulpia Traiana ein. **Damit sind die Überreste im Boden vor weiterer Zerstörung geschützt.**

❺ Es hat nichts geholfen. Die germanischen Franken übernehmen auch am Niederrhein die Herrschaft. Sie errichten ihre Siedlung neben der ehemaligen Colonia.

❼ Der Archäologische Park wird eröffnet. Mit dem Wiederaufbau des Amphitheaters beginnt die römische Geschichte in Xanten neu.

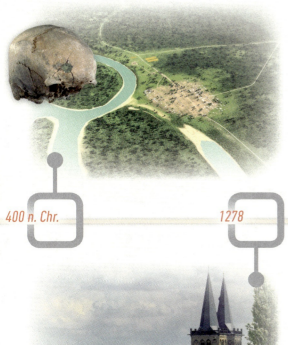

400 n. Chr. — 1278 — 1977 — 2008

❻ Der Xantener Dom wird gebaut. Im Mittelalter wird die zerfallene Colonia Ulpia Traiana zum Steinbruch. Das Baumaterial der Römer findet eine neue Verwendung.

❽ Das LVR-RömerMuseum in Xanten ist fertig. Hier können die wichtigsten Funde aus römischer Zeit bewundert werden.

Römer neu entdecken

Wo sind die Römer hin?

Haben sie etwa alles mitgenommen? Die Nachkommen der Menschen aus der Colonia Ulpia Traiana leben heute noch – in Europa und der ganzen Welt. Vielleicht hast auch du einen Vorfahren, der aus dieser Stadt stammte.
Ein wenig römische Kultur und Sprache hat sich bis heute in Deutschland erhalten. Man muss allerdings genau hinschauen, um sie zu entdecken.
So geht es uns auch mit den Spuren der römischen Stadt. In Xanten sind sie vollständig unter der Erde versteckt. Die Archäologie sorgt mit Ausgrabungen dafür, dass wir immer mehr über die Colonia Ulpia Traiana erfahren. Auch wenn wir schon sehr viel über die Stadt wissen: Alle ihre Geheimnisse wird man nicht mehr erforschen können.

Wissenschaft und mehr

Im Archäologischen Park sind die nachgebauten römischen Bauwerke besonders beliebt.
Sie versetzen dich zurück in eine längst vergangene Zeit. Da aber niemand bisher eine echte Zeitreise machen kann, muss man bei jedem Gebäude bedenken: Es könnte einmal so ausgesehen haben, aber ganz wissen wir es nicht!

Lebendige Antike

An einigen Tagen im Jahr sind römische Handwerker, Händler, Legionäre oder Gladiatoren zu Gast im Archäologischen Park. **Dann wird die Geschichte der untergegangenen Stadt wieder lebendig.** Informationen dazu findest du immer aktuell auf unserer Homepage: www.apx.lvr.de

Illustration von Jean-Jacques Sempé

Bunte Antike

Manchmal braucht man viel Fantasie. Wie stellst du dir eine römische Stadt vor? Wie könnten die Menschen dort gelebt haben? Da hilft nur eins: Mal dir selbst ein Bild vom Leben in der Colonia Ulpia Traiana!

Dein Besuch im APX

Rom in grün

So sieht es 2013 im LVR-Archäologischen Park Xanten aus. Der Park ist wie die ehemalige römische Stadt immer im Wandel. Bei deinem nächsten Besuch könnte also schon etwas Neues auf dich warten. Viele Orte, die du in unserer Geschichte kennengelernt hast, kannst du dir im Archäologischen Park anschauen. Wie sie heute aussehen, verraten dir die Fotos auf den entsprechenden Seiten.

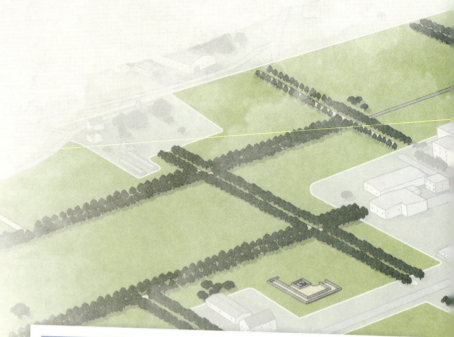

		Seite
1	Statue Kaiser Trajan	10
2	Pavillon Bauen und Technik	14
3	Forum	18
4	Pavillon Reise und Verkehr	23
5	Verlandeter Hafen	26
6	Hafentempel	30
7	Kapitol	34
8	Bäckerei	38
9	Küche	42
10	Imbiss	46
11	Schuhmacher und Beinschnitzer	50
12	Schmied und Weber	55
13	Herbergsthermen	58
14	Große Thermen	62
15	Latrine	66
16	LVR-RömerMuseum	70
17	Herberge	74
18	Gräberstraße	78
19	Stadttor	82
20	Stadtmauer	86
21	Römische Spiele	86
22	Amphitheater	90
⊙	Spielplatz	

Auflösungen Fehlersuche

Hast du genau hingesehen?

Die Römer haben viele praktische Dinge erfunden. Aber vieles, das uns heute selbstverständlich erscheint, kannten sie noch nicht. **Hast du bei den 22 großen Bildern genau hingesehen und die Gegenstände entdeckt, die es bei den Römern noch gar nicht gab?** Hier ist die Auflösung der Fehlersuche:

Seite 8

Vorhang auf, Licht an! In römischer Zeit war das aber ganz bestimmt nicht elektrisch. Der **Scheinwerfer** an der Wand ist also Unfug.

Seite 13

Sicherheit geht vor! Besonders, wenn so viele Gefahren lauern wie auf einer Baustelle. Daher müssen dort heute alle einen Bauhelm tragen. Einen gelben **Kunststoffhelm** aus römischer Zeit wird man aber nirgends finden.

Seite 17

Alles hat seinen Preis. Oft steht er direkt auf der Ware. Dieses **Preisschild** hätte aber kein Römer verstanden. Schließlich gab es noch keinen Euro und die 5 sah so aus: V.

Seite 20

Da freut sich die Polizei! An moderne Fahrzeuge gehört ein funktionierendes **Rücklicht**, aber ganz sicher nicht an einen römischen Karren.

Seite 25

Mann über Bord! Da sollte man schnell den **Rettungsring** werfen. Den suchte man auf einem römischen Schiff allerdings vergebens.

Seite 28

Eine heiße Sache: Wenn mit offenem Feuer gearbeitet wird, ist heute ein **Feuerlöscher** nicht weit. Diese moderne Erfindung hätte in der Antike manche Katastrophe verhindert.

Seite 33

Donnerwetter! Wenn Jupiter mit seinem Blitz aus Versehen den eigenen Tempel trifft, wäre der mit modernen **Blitzableitern** gut geschützt.

Seite 36

Autsch! An einem heißen Ofen kann man sich leicht verbrennen. Gut, wenn schnell ein **Verbandkasten** zur Hand ist. In einer römischen Bäckerei hätte aber niemand das Symbol mit dem Kreuz erkannt.

Seite 40

Alles auf Knopfdruck: Ohne Strom aus der **Steckdose** funktioniert in modernen Küchen fast nichts mehr. Die Römerinnen und Römer kannten diesen Luxus noch nicht.

Seite 44

Reine Geschmackssache! Was in römischen Garküchen verkauft wurde, schmeckte bestimmt nicht jedem. Zum Nachwürzen standen aber keine modernen **Salz- und Pfefferstreuer** bereit.

Seite 48
Welch eine Auswahl! Unser Schuhmacher hat für jeden die richtigen Schuhe. Sogar ein Paar rote **Stöckelschuhe** hat sich in seine Auslage verirrt.

Seite 53
Man soll das Eisen schmieden, solange es heiß ist! Wann die rechte Zeit dafür ist, hat unser römischer Schmied bestimmt nicht auf einer **Armbanduhr** gesehen.

Seite 57
Hauptsache die Haare liegen... Wenn Römerinnen nicht mit nassen Haaren aus dem Bad kommen wollten, mussten sie warten. Ganz sicher benutzten sie keinen **Fön**.

Seite 61
Ballzauber! Die Römerzeit kannte viele Ballspiele. Dafür gab es die unterschiedlichsten Arten von Bällen. Ein **Luftballon** gehörte allerdings nicht dazu.

Seite 65
Eine saubere Sache! In römischen Städten gab es zwar schon Toiletten mit Wasserspülung, auf **Toilettenpapier** musste man aber noch verzichten.

Seite 68
Hast du ganz genau hingeschaut? Wenn du nichts gefunden hast, brauchst du vielleicht eine **Brille**. Wie wäre es mit der von der Sklavin ganz links?

Seite 72
Schöner wohnen! Zum Renovieren benutzten römische Handwerker viele Geräte, wie wir sie heute noch kennen. Vielleicht hätten sie auch einen modernen **Farbroller mit Abstreifer** gebrauchen können.

Seite 77
Am Rande bemerkt: Am Straßenrand findet man heute keine Gräber mehr. Die Aufmerksamkeit richtet sich nun auf andere Dinge, zum Beispiel auf ein gelbes **Ortsschild**.

Seite 80
Wer wird denn gleich in die Luft gehen? Ein Römer wohl nicht. Weit geflogen sind zu dieser Zeit nur Tiere mit Flügeln, ganz sicher aber keine **Flugzeuge**.

Seite 84
Schöne Aussicht: Von den Türmen der Stadtmauer kann man weit blicken. Dabei sieht man heute auch zwei Türme, die nicht in die römische Zeit gehören, sondern zum **Xantener Dom**.

Seite 89
Nichts wie weg! Dieses Schild hätten sich viele Menschen herbeigewünscht, die unfreiwillig in einer römischen Arena gelandet sind. Einen **Notausgang** gab es damals aber nicht.

Seite 93
Vorhang zu, Licht aus! Nachts ohne eigenes Licht vor die Tür zu gehen, würde man in der Antike niemanden raten. Eine elektrische **Taschenlampe** stand aber sicher nicht zur Verfügung.

Schluss

Zurück in die Zukunft

Gerne wüssten wir noch mehr über die Menschen, die vor fast 2000 Jahren in der Colonia Ulpia Traiana wohnten. Fast alle Informationen, die wir haben, stammen aus archäologischen Ausgrabungen.
Stell dir vor, dass in 2000 Jahren die Menschen der Zukunft die Reste unserer Kultur erforschen.
Was würden sie finden? Was hinterlässt keine Spuren?
Was würdest du ihnen gerne mitteilen?

Viel Spaß in der Gegenwart!

Bildnachweis

mit Seitenzahlen; Abkürzungen:
f.=folgende, l.=links, m.=mittig,
o.=oben, r.=rechts, u.=unten

Christoph Heuer, Essen: Umschlag; 8f.; 12f.; 16f.; 20f.; 24f.; 28f.; 32f.; 36f.; 40f.; 44f.; 48f.; 52f.; 56f.; 60f.; 64f.; 68f.; 72f.; 76f.; 80f.; 84f.; 88f.; 92f.; 104f.; 108.

Wikimedia Commons: 4; 19 u.

Horst Stelter, LVR-Archäologischer Park Xanten: 6f.; 11 u.; 14 l.; 15 o./m.; 18 m./m.l./u.m.; 19 o.; 22 o.; 23 o.; 26 o.; 27 o.; 30 o.; 31 o.; 34 o./u.; 35; 38 m.; 43 u.; 47 m.l.; 51 o./u.; 55 o./u.r.; 58 o.; 59 o./u.; 62 o./m.r./u.l.; 66 m./u.; 67 m.; 70 o.r.; 71 o.l./r.; 74 m.r.; 75 m.l./u.; 78 u.l.; 83; 90 u.; 91 u.; 95 o.l.; 97; 102f.

Classical Numismatic Group: 10 o.r.

Axel Thünker DGPh: 10 l.; 18 u.l./r.; 23 o.r.; 30 o./u.; 31 o.; 42 m.; 43 o.l.; 46 m.; 50 o./u.; 54 u.l.; 58 u.; 62 m.l.; 66 m./l.; 67 u.r.; 70 o.m./m./u.l.; 71 m.; 74 m.l.; 82f. o.; 86 o./u.; 90 o.; 91 m.; 98; 99 u.; 100; 101 o.; 102 o.

Olaf Ostermann, Uedem: 11 o.; 90 m.; 94 m.

Peter Kienzle, LVR-Archäologischer Park Xanten: 14 o.

ETH-Bibliothek Zürich, Bildarchiv: 14f. o.

Dominik Schmitz, LVR-Zentrum für Medien und Bildung, Düsseldorf: 14 u.; 18 o./m.r.; 22 u.; 23 o.l.; 30 m.; 34 o.; 38 o.; 39 o./m.r.; 42 u.; 43 o.r.; 46 o./u.; 47 m./u.; 50f. m.; 54 u.m./r.; 55 u.l./m.; 66 o.; 67 u.l.; 74 o.l./u.; 75 o./m.r.; 78 o./m.l.; 79; 87 m./u.; 94 o./u.; 96; 106f.

www.istockphoto.com, Anna Ivanova: 15 u.

Stefan Arendt, LVR-Zentrum für Medien und Bildung, Düsseldorf: 19 m.; 58 m.; 67 o.l./r.; 70 u.r.; 87 o.

LVR-Archäologischer Park Xanten: 23 m.; 27 u.; 54 m.; 78 m.l.

Wolfgang Huppertz, Hamburg: 26 u.

Otto Jahn (aus: MonInst 2, 1838, Taf. 58): 38f. u.

Museo Archeologico Nazionale Napoli, Soprintendenza Speziale per i Beni Archeologici di Napoli e Pompei: 39 m.l.; 62 u.r.; 91 o.

Ingo Martell, LVR-Archäologischer Park Xanten: 42 o.

Sabine Leih, LVR-Archäologischer Park Xanten: 47 o.

Abguss-Sammlung Antiker Plastik der Freien Universität Berlin (Institut für Klassische Archäologie): 54 o.l.

Roswitha Laubach, LVR-Archäologischer Park Xanten (nach P. Kienzle): 54f. o.

www.f1online.de, Imagebroker RM TPG: 63

Museo Archeologico Nazionale Aquileia, Soprintendenza per i Beni Archeologici del Friuli Venezia Giulia: 78 u.r.

Dießenbacher Informationsmedien Wesel: 82 u.; 98 m./u.; 99 m.l.

LVR-LandesMuseum Bonn: 86 m.

Kai Jansen, Bochum: 95 o.r.

Armin Fischer, Wesel: 98 u.l.

Baoquan Song, Ruhr-Universität Bochum: 99 o.

Jean-Jacques Sempé (© für den deutschsprachigen Raum: Diogenes Verlag AG, Zürich): 101 u.

Gratias ago Danke schön

Ohne die Mithilfe vieler lieber Menschen hätte dieses Buch nicht entstehen können. Für die zahlreichen Anregungen, Hinweise und Korrekturen sowie ganz viel Geduld sei an dieser Stelle noch einmal herzlich gedankt (in der Hoffnung, niemanden vergessen zu haben): Gisela Boelicke, Robert Dylka, Hannah Ermisch, Carla Felgentreff, Christoph Heuer, Marianne Hilke, Kathrin Jaschke, Patrick Jung, Peter Kienzle, Silke Krause, Renate Kreischer, Petra Kunst, Young-Ah Lee, Sabine Leih, Christoph Lindner, Ingo Martell, Martin Müller, Gundolf Precht, Marcus Reuter, Malte Ritter, Bernhard Rudnick, Gabriele Schmidhuber, Dirk Schmitz, Dominik Schmitz, Anke Seifert, Maike Sieler, Sebastian Simonis, Horst Stelter, Norbert Zieling.